Gostaria de ter a **VERSÃO DIGITAL** deste livro?

Caro Aluno,

para facilitar o seu estudo diário, oferecemos a você **a versão digital do seu livro** com um desconto exclusivo. Para comprá-lo, basta utilizar o código de acesso abaixo.

Veja como:

1. **ACESSE** O SITE **www.aticascipione.com.br**
2. Faça seu **cadastro**.
3. **Busque o título** que deseja.
4. Insira o **código de acesso***.
5. **Registre sua compra** e receba a confirmação.
6. **Pronto!** Você já tem acesso à versão digital deste livro, com todos os seus benefícios.

Complemente seu livro impresso e **maximize a sua experiência** de aprendizagem.

BENEFÍCIOS DO LIVRO DIGITAL

- Acesso imediato no tablet ou no computador.
- Portabilidade: você pode transportar todos os seus livros e acessá-los em qualquer momento e em qualquer lugar.
- Acesso aos diversos recursos de interatividade (verifique a disponibilidade).

CÓDIGO DE ACESSO
LAMC.1E83.AEA5.07E0
541801
Marcha Criança Matemática 1º ano - Impresso - Aluno

*Seu código de acesso é exclusivo desta obra e intransferível.

editora ática
editora scipione

MATEMÁTICA

MARCHA CRIANÇA

1º ANO

Maria Teresa Marsico

Professora graduada em Letras pela Universidade Federal do Rio de Janeiro (UFRJ) e em Pedagogia pela Sociedade Unificada de Ensino Superior Augusto Motta. Atuou por mais de trinta anos como professora de Educação Infantil e Ensino Fundamental das redes municipal e particular no município do Rio de Janeiro.

Maria Elisabete Martins Antunes

Professora graduada em Letras pela Universidade Federal do Rio de Janeiro (UFRJ). Atuou durante trinta anos como professora titular em turmas do 1º ao 5º ano na rede municipal de ensino do Rio de Janeiro.

Armando Coelho de Carvalho Neto

Atua desde 1981 com alunos e professores das redes oficial e particular de ensino do Rio de Janeiro. Desenvolve pesquisas e estudos sobre metodologias e teorias modernas de aprendizado. É autor de obras didáticas para Ensino Fundamental e Educação Infantil desde 1993.

Agora você também consegue acessar o *site* exclusivo da **Coleção Marcha Criança** por meio deste QR code.

Basta fazer o *download* de um leitor QR code e posicionar a câmera de seu celular ou *tablet* como se fosse fotografar a imagem acima.

editora scipione

editora scipione

Diretoria de conteúdo e inovação pedagógica
Mário Ghio Júnior
Diretoria editorial
Lidiane Vivaldini Olo
Gerência editorial
Luiz Tonolli
Editoria de Anos Iniciais
Tatiany Telles Renó
Edição
Angela Adriana de Souza
Arte
Ricardo de Gan Braga (superv.),
Andréa Dellamagna (coord. de criação),
Gláucia Correa Koller (progr. visual de capa e miolo),
Cláudio Faustino (editor de arte) e
Casa de Tipos (diagram.)
Revisão
Hélia de Jesus Gonsaga (ger.)
Rosângela Muricy (coord.)
Ana Curci (prep.), Claudia Virgilio,
Gabriela Macedo de Andrade
Vanessa de Paula Santos e
Brenda Morais (estag.)
Iconografia
Sílvio Kligin (superv.),
Claudia Bertolazzi e Fernanda Regina Sales Gomes (pesquisa),
Cesar Wolf e Fernanda Crevin (tratamento de imagem)
Ilustrações
ArtefatoZ (capa) Ilustra Cartoon, Avalone e
MW Editora Ilustrações Ltda. (miolo)

Direitos desta edição cedidos à Editora Scipione S.A.
Av. das Nações Unidas, 7221, 3º andar, Setor D
Pinheiros – São Paulo – SP – CEP 05425-902
Tel.: 4003-3061
www.scipione.com.br / atendimento@scipione.com.br

Dados Internacionais de Catalogação na Publicação (CIP)
(Câmara Brasileira do Livro, SP, Brasil)

Marsico, Maria Teresa
Marcha criança : matemática, 1º ano: ensino fundamental / Maria Teresa Marsico, Maria Elisabete Martins Antunes, Armando Coelho de Carvalho Neto. – 3. ed. – São Paulo: Scipione, 2015. – (Coleção marcha criança)
Bibliografia.
1. Matemática (Ensino fundamental) I. Antunes, Maria Elisabete Martins. II. Carvalho Neto, Armando Coelho de. III. Título. IV. Série.

15-02841 CDD–372.7

Índice para catálogo sistemático:
1. Matemática : Ensino fundamental 372.7

2016

ISBN 978 85262 9596 4 (AL)
ISBN 978 85262 9595 7 (PR)
Cód. da obra CL 738981
CAE 541 801 (AL) / 541 802 (PR)

3ª edição
3ª impressão

Impressão e acabamento
A. R. Fernandez

Os textos sem referência
são de autoria de Teresa Marsico
e Armando Coelho.

APRESENTAÇÃO

QUERIDO ALUNO, QUERIDA ALUNA,

PREPARAMOS ESTE LIVRO COM MUITO CARINHO ESPECIALMENTE PARA VOCÊ. ELE ESTÁ REPLETO DE SITUAÇÕES E ATIVIDADES MOTIVADORAS, QUE CERTAMENTE DESPERTARÃO SEU INTERESSE E LHE PROPORCIONARÃO MUITAS DESCOBERTAS. ESPERAMOS QUE COM ELE VOCÊ ENCONTRE SATISFAÇÃO NO CONSTANTE DESAFIO DE APRENDER!

AO FINAL DE CADA UNIDADE APRESENTAMOS A SEÇÃO **IDEIAS EM AÇÃO**. NELA, VOCÊ E SEUS COLEGAS COLOCARÃO EM PRÁTICA ALGUNS DOS CONHECIMENTOS ADQUIRIDOS NO DECORRER DE SEUS ESTUDOS.

ALÉM DISSO, COMO NOVIDADE, TEMOS A SEÇÃO **O TEMA É...**, TRAZENDO PARA VOCÊ TEMAS PARA DISCUTIR, OPINAR E CONHECER MAIS. DE MODO ENVOLVENTE, ESSA SEÇÃO PREPARARÁ VOCÊ E SEUS COLEGAS PARA COMPREENDER MELHOR O MUNDO EM QUE VIVEMOS.

CRIE, OPINE, PARTICIPE, APRENDA E COLABORE PARA FAZER UM MUNDO MELHOR. E LEMBRE-SE SEMPRE DE COMPARTILHAR SEUS CONHECIMENTOS COM TODOS A SUA VOLTA.

ArtefatoZ/Arquivo da editora

BONS ESTUDOS E UM FORTE ABRAÇO,

MARIA TERESA,
MARIA ELISABETE E
ARMANDO

CONHEÇA SEU LIVRO

VEJA A SEGUIR COMO O SEU LIVRO ESTÁ ORGANIZADO.

UNIDADE

SEU LIVRO ESTÁ ORGANIZADO EM QUATRO UNIDADES. AS ABERTURAS SÃO EM PÁGINAS DUPLAS. EM **VAMOS CONVERSAR?** VOCÊ E SEUS COLEGAS DISCUTEM ALGUMAS QUESTÕES E CONVERSAM SOBRE A IMAGEM DE ABERTURA. EM **O QUE VOU ESTUDAR?** VOCÊ ENCONTRA UM RESUMO DO QUE VAI APRENDER EM CADA UNIDADE.

ATIVIDADES

MOMENTO DE APLICAR O CONHECIMENTO NA PRÁTICA POR MEIO DE ATIVIDADES DIVERSIFICADAS.

IDEIAS EM AÇÃO

ESTA SEÇÃO ENCERRA A UNIDADE. NELA, VOCÊ FAZ UMA ATIVIDADE PRÁTICA E PODE USAR O **CADERNO DE IDEIAS EM AÇÃO**.

O TEMA É...

SEÇÃO QUE TRAZ TEMAS PARA VOCÊ DISCUTIR, OPINAR E APRENDER MAIS!

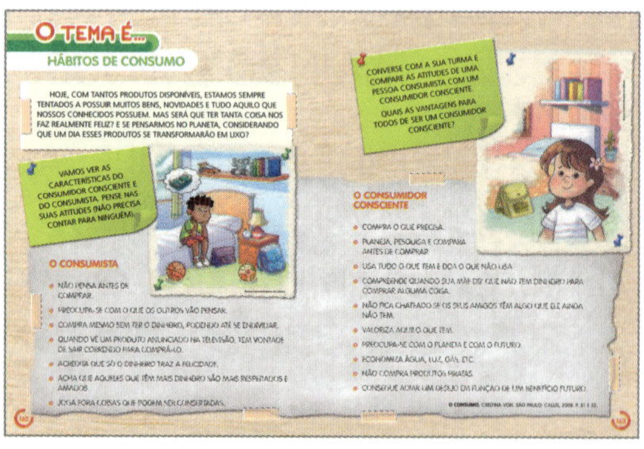

SUGESTÕES PARA O ALUNO

OS LIVROS SUGERIDOS VÃO AJUDÁ-LO A ENTENDER COMO A MATEMÁTICA PODE SAIR DA SALA DE AULA E SE RELACIONAR COM TEMAS DO COTIDIANO.

GLOSSÁRIO

APRESENTAÇÃO DOS PRINCIPAIS CONTEÚDOS DE MANEIRA RESUMIDA E ORGANIZADOS EM ORDEM ALFABÉTICA.

MATERIAIS DE APOIO

CADERNO DE CRIATIVIDADE E ALEGRIA

CONJUNTO DE ATIVIDADES PARA VOCÊ BRINCAR E APRENDER MAIS.

REVISTA BRINCANDO COM A MATEMÁTICA

MATERIAL EXCLUSIVO PARA O 1º ANO, ESSA REVISTA TRAZ ATIVIDADES DIVERSIFICADAS, TEXTOS DE LEITURA, JOGOS, DESAFIOS E ENIGMAS.

CADERNO DE IDEIAS EM AÇÃO

CONJUNTO DE MATERIAIS MANIPULÁVEIS, ESPECIALMENTE ELABORADOS PARA VOCÊ USAR NA SEÇÃO **IDEIAS EM AÇÃO**.

PÁGINA +

NO FINAL DO LIVRO VOCÊ ENCONTRA UMA PÁGINA ESPECIAL, QUE DESTACA ALGUNS DOS ASSUNTOS EXPLORADOS NO LIVRO.

QUANDO VOCÊ ENCONTRAR ESTES ÍCONES, FIQUE ATENTO!

ATIVIDADE ORAL

ATIVIDADE NO CADERNO

ATIVIDADE EM GRUPO

OED — ESTE ÍCONE INDICA OBJETOS EDUCACIONAIS DIGITAIS (OEDS) RELACIONADOS AOS CONTEÚDOS DO LIVRO. ACESSE: <WWW.MARCHACRIANCA.COM.BR>.

SUMÁRIO

Ilustrações: Ilustra Cartoon/Arquivo da editora

UNIDADE 3 GEOMETRIA E OPERAÇÕES BÁSICAS 120

UNIDADE 4 SISTEMAS DE MEDIDA 170

Ilustrações: Ilustra Cartoon/Arquivo da editora

UNIDADE 1

O MUNDO DOS NÚMEROS

VAMOS CONVERSAR?

- VOCÊ JÁ VIU ALGUMA DESTAS CENAS? CONTE AOS COLEGAS EM QUE LUGAR.

O QUE VOU ESTUDAR?

- A HISTÓRIA DOS NÚMEROS
- OS NÚMEROS NO MEU DIA A DIA
- FORMANDO GRUPOS
- NOÇÕES DE GEOMETRIA
- COLEÇÕES E AGRUPAMENTOS

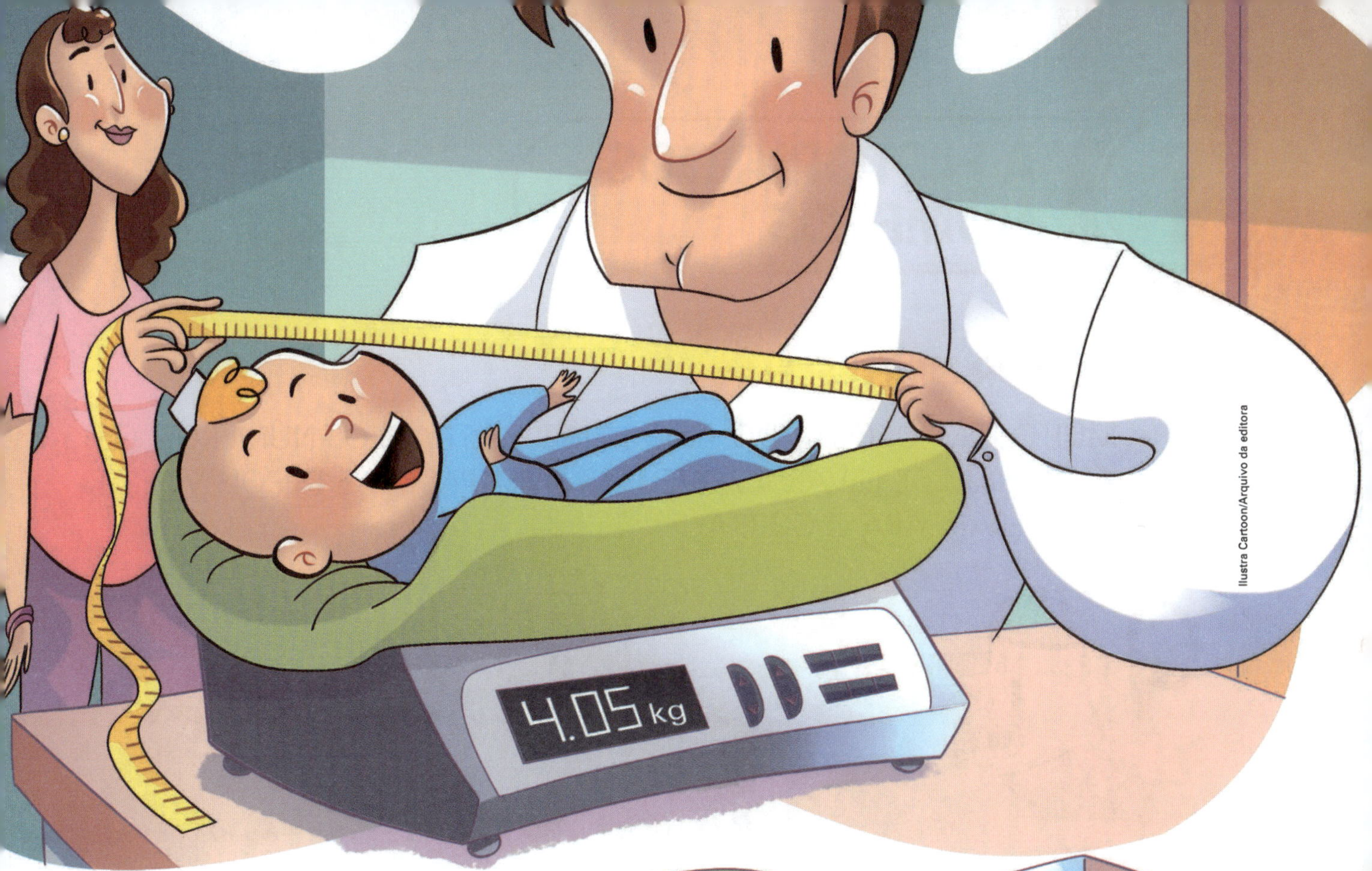

Ilustra Cartoon/Arquivo da editora

CAPÍTULO 1 A HISTÓRIA DOS NÚMEROS

O PASTOR DE OVELHAS

HÁ MUITO TEMPO, QUANDO AINDA NÃO EXISTIAM OS NÚMEROS, OS PASTORES TINHAM DE LEVAR AS OVELHAS PARA PASTAR E DEPOIS VOLTAR COM TODAS ELAS PARA O CURRAL.

COMO OS PASTORES NÃO SABIAM CONTAR, NA VOLTA PARA O CURRAL ELES NÃO TINHAM CERTEZA SE ALGUMA OVELHA HAVIA SE PERDIDO OU SIDO CAÇADA POR UM LOBO.

Ilustrações: Ilustra Cartoon/Arquivo da editora

ATÉ QUE, UM DIA, UM DOS PASTORES TEVE A SEGUINTE IDEIA: PARA CADA OVELHA QUE SAÍA PARA PASTAR, COLOCAVA UMA PEDRA DENTRO DE UM SACO.

E, NA VOLTA, O QUE O PASTOR FAZIA?

PARA CADA OVELHA QUE VOLTAVA PARA O CURRAL, RETIRAVA UMA PEDRA.

Ilustrações: Ilustra Cartoon/Arquivo da editora

O QUE ACONTECIA SE SOBRASSEM PEDRAS NO SACO? ASSINALE COM **X**.

IDEIA DE QUANTIDADE

ESTA É A BRUNA.

SUA FAMÍLIA PREPAROU UMA FESTA PARA COMEMORAR O ANIVERSÁRIO DELA E DISTRIBUIU BONÉS COLORIDOS PARA OS CONVIDADOS.

- LIGUE CADA CRIANÇA A SEU BONÉ.

Ilustrações: Ilustra Cartoon/Arquivo da editora

ATIVIDADES

1 NA FESTA DE BRUNA VÃO SER DISTRIBUÍDOS ALGUNS BRINDES. LIGUE CADA BOLA A UMA CRIANÇA.

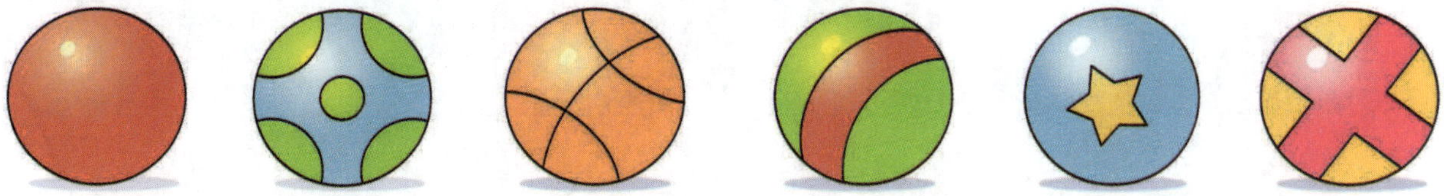

Ilustrações: Ilustra Cartoon/Arquivo da editora

- ASSINALE COM **X** AS RESPOSTAS CORRETAS.

A) HÁ UMA BOLA PARA CADA CRIANÇA?

( ) SIM ( ) NÃO

B) A QUANTIDADE DE CRIANÇAS E DE BOLAS É:

( ) DIFERENTE. ( ) IGUAL.

2 VEJA OS CARRINHOS QUE VÃO SER DISTRIBUÍDOS.

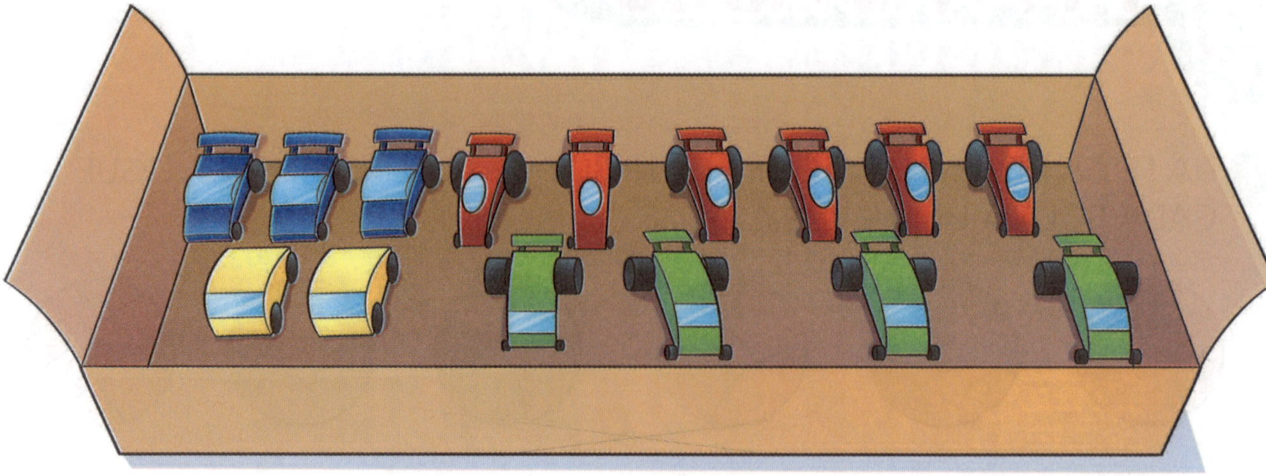

Ilustrações: Ilustra Cartoon/Arquivo da editora

- PINTE UM ☐ PARA CADA BRINQUEDO QUE HÁ NA CAIXA.

 ☐ ☐ ☐ ☐ ☐ ☐

 ☐ ☐ ☐ ☐ ☐ ☐

 ☐ ☐ ☐ ☐ ☐ ☐

 ☐ ☐ ☐ ☐ ☐ ☐

3 A COR DO CARRINHO QUE APARECE EM MAIOR QUANTIDADE É:

◯ AZUL. ◯ VERDE. ◯ VERMELHO. ◯ AMARELO.

4 E EM MENOR QUANTIDADE?

....

5 QUANDO NÃO TEM AULA, JULIANA GOSTA DE BRINCAR NO SÍTIO DE SEU AVÔ.

A) PINTE UM QUADRINHO PARA CADA FRUTA NO POMAR.

Ilustrações: Ilustra Cartoon/Arquivo da editora

B) O QUE HÁ EM MAIOR QUANTIDADE?

C) O QUE HÁ EM MENOR QUANTIDADE?

6 VOCÊ JÁ FOI A UM ZOOLÓGICO? LÁ VOCÊ ENCONTRA MUITOS ANIMAIS, NÃO É?

Ilustrações: Ilustra Cartoon/Arquivo da editora

A) PINTE UM QUADRINHO PARA CADA ANIMAL QUE APARECE NA FIGURA.

B) O QUE HÁ EM QUANTIDADES IGUAIS?

REPRESENTAÇÃO DE QUANTIDADES

ANA, BIA E JÚLIO RESOLVERAM FAZER COLEÇÕES. A CENA ABAIXO MOSTRA A COLEÇÃO DE CADA UMA DAS CRIANÇAS.

ANA COLECIONA CONCHAS.

BIA COLECIONA CHAVEIROS.

JÚLIO COLECIONA CARRINHOS.

Ilustrações: Ilustra Cartoon/Arquivo da editora

DESAFIO! SEM CONTAR, RESPONDA: QUEM TEM A COLEÇÃO COM A MAIOR QUANTIDADE DE OBJETOS? ....

ATIVIDADES

1 VOCÊ SE LEMBRA DA HISTÓRIA DOS PASTORES QUE USAVAM PEDRINHAS PARA REPRESENTAR A QUANTIDADE DE OVELHAS QUE ELES TINHAM? PINTE PEDRINHAS PARA REPRESENTAR A QUANTIDADE DE OBJETOS QUE COMPÕEM A COLEÇÃO DE CADA CRIANÇA.

ANA

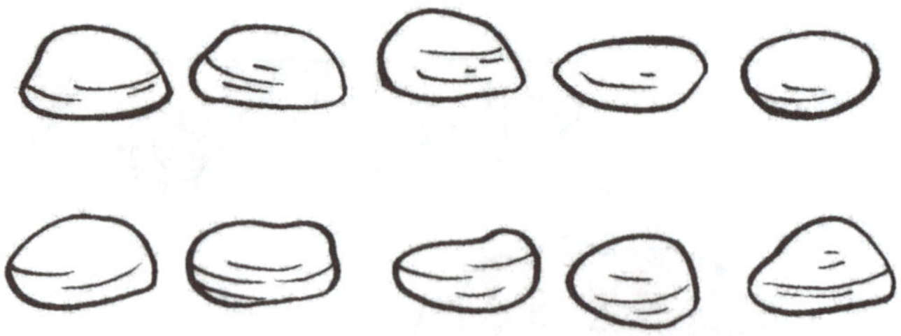

BIA

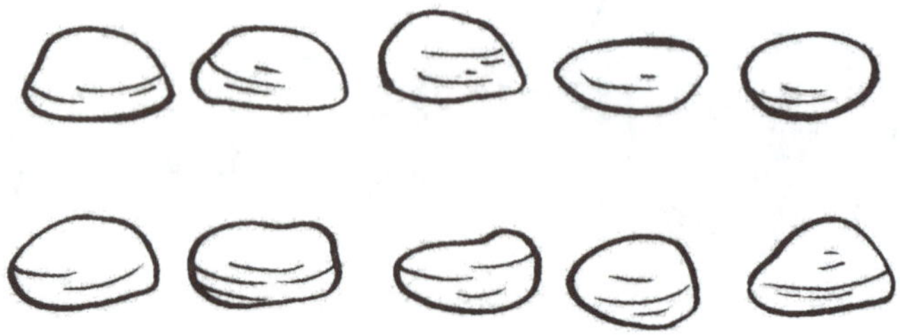

JÚLIO

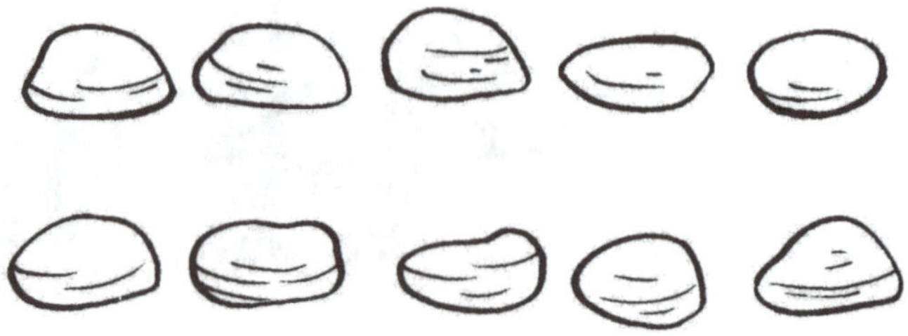

Ilustrações: Ilustra Cartoon/Arquivo da editora

2 VEJA AGORA AS VÁRIAS FORMAS QUE CADA UMA DAS CRIANÇAS USOU PARA REPRESENTAR A QUANTIDADE DE OBJETOS DA SUA COLEÇÃO.

ANA

BIA

JÚLIO

- REGISTRE A QUANTIDADE DE BRINQUEDOS COMO VOCÊ PREFERIR.

Ilustrações: Ilustra Cartoon/Arquivo da editora

CAPÍTULO 2

OS NÚMEROS NO MEU DIA A DIA

OED

VOCÊ JÁ PERCEBEU QUE OS NÚMEROS ESTÃO POR TODA PARTE?

ONDE VOCÊ ENCONTRA NÚMEROS NESTA CENA? CONVERSE COM OS COLEGAS E O PROFESSOR.

Ilustra Cartoon/Arquivo da editora

CONTORNE NA CENA ACIMA AS PARTES EM QUE APARECEM NÚMEROS.

ATIVIDADES

1 MARQUE COM **X** AS INFORMAÇÕES QUE VOCÊ ENCONTROU NA CENA DA PÁGINA ANTERIOR.

- ( ) DIA DO ANIVERSÁRIO.
- ( ) HORA EM QUE ACABOU A FESTA.
- ( ) IDADE DO ANIVERSARIANTE.
- ( ) HORA DA FESTA.

2 DESENHE NO BOLO AS VELAS QUE REPRESENTAM A SUA IDADE.

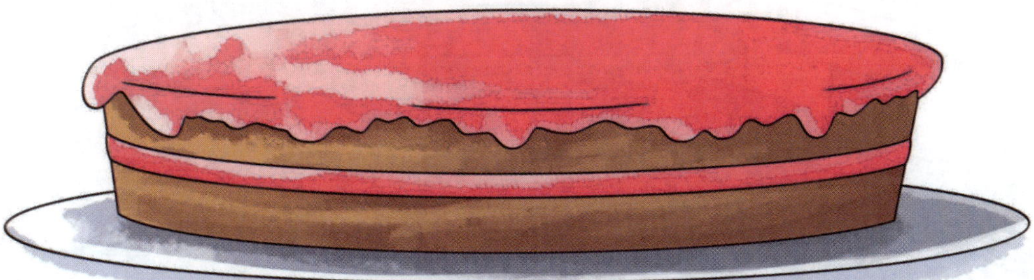

Ilustra Cartoon/Arquivo da editora

- AGORA, VOCÊ VAI ESCOLHER OUTRA FORMA DE REPRESENTAR A SUA IDADE E REGISTRAR NO QUADRO ABAIXO.

3 VOCÊ JÁ FOI AO CIRCO? CONTE AOS COLEGAS.

Ilustra Cartoon/Arquivo da editora

- OBSERVE A CENA ACIMA E COPIE:

A) OS NÚMEROS QUE INDICAM PREÇOS.

....

B) OS NÚMEROS QUE INDICAM HORAS.

....

4 FAÇA UM CÍRCULO NO DIA DE SEU ANIVERSÁRIO. DEPOIS ESCREVA NO CALENDÁRIO O NOME DO MÊS EM QUE VOCÊ NASCEU.

1	2	3	4	5	6	7
8	9	10	11	12	13	14
15	16	17	18	19	20	21
22	23	24	25	26	27	28
29	30	31				

Avalone/Arquivo da editora

5 DANIEL E JOANA ESTUDAM NA MESMA CLASSE. COMO HOJE É DOMINGO, ELES ACORDARAM MAIS TARDE. FAÇA UM **X** NA CRIANÇA QUE SE LEVANTOU PRIMEIRO.

Ilustrações: Ilustra Cartoon/Arquivo da editora

- CONTE A SEUS COLEGAS DE CLASSE E AO PROFESSOR A QUE HORAS VOCÊ COSTUMA ACORDAR.

6 OBSERVE COM ATENÇÃO ESTE RELÓGIO.

Ilustrações: Avalone/Arquivo da editora

- VOCÊ PERCEBEU QUE FALTAM ALGUNS NÚMEROS EM CADA UM DOS RELÓGIOS ABAIXO? COMPLETE-OS PARA QUE FIQUEM COMO O RELÓGIO ACIMA.

A TURMA DE MINHA CLASSE

OS NÚMEROS ESTÃO POR TODA PARTE, NÃO É MESMO?

VOCÊ SABE QUE TIPO DE INFORMAÇÃO OS NÚMEROS NOS TRANSMITEM NA FIGURA ABAIXO?

Ilustra Cartoon/Arquivo da editora

- QUANTOS ALUNOS APARECEM NA IMAGEM? E NA SUA TURMA, QUANTOS ALUNOS HÁ AO TODO? HÁ MAIS MENINAS OU MENINOS? CONVERSE COM O PROFESSOR E OS COLEGAS DE CLASSE.

ATIVIDADES

1 QUANTAS PESSOAS HÁ NESTE MOMENTO EM SUA SALA DE AULA?

....

2 COM SEUS COLEGAS E O PROFESSOR, CONTE OS OBJETOS QUE HÁ EM SUA SALA DE AULA E ESCREVA OS NÚMEROS.

MESA:		LOUSA:	
CADEIRA:		PORTA:	
JANELA:		ARMÁRIO:	

3 NO GRUPO ABAIXO HÁ 4 CRIANÇAS. QUANTAS CADEIRAS SERÃO NECESSÁRIAS PARA TODAS SE SENTAREM? DESENHE-AS.

Ilustrações: Ilustra Cartoon/Arquivo da editora

OS NÚMEROS NO CALENDÁRIO

VEJA O QUE LUANA DESCOBRIU AO ABRIR SUA NOVA AGENDA:

Ilustra Cartoon/Arquivo da editora

LUANA DESCOBRIU OUTROS CALENDÁRIOS EM CASA. VOCÊ JÁ VIU ALGUNS DESTES CALENDÁRIOS?

iceink/Shutterstock/Glow Images

ZoranKrstic/Shutterstock/Glow Images

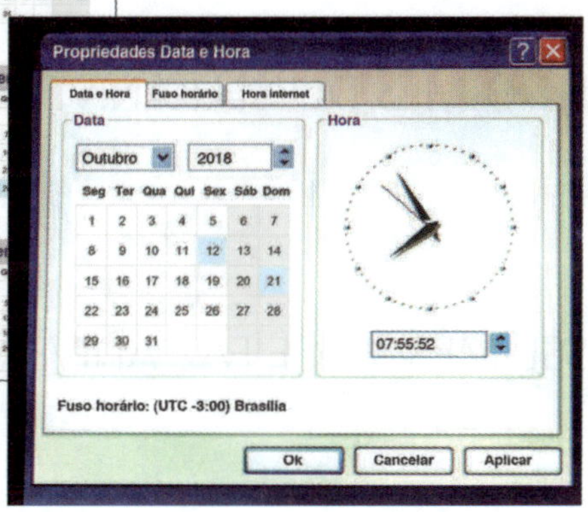

Art Directors & TRIP/Alamy

Realimage/Alamy

ATIVIDADES

1 VEJA O CALENDÁRIO DE 2018:

Ilustra Cartoon/Arquivo da editora

2018

JANEIRO

D	S	T	Q	Q	S	S
	1	2	3	4	5	6
7	8	9	10	11	12	13
14	15	16	17	18	19	20
21	22	23	24	25	26	27
28	29	30	31			

FEVEREIRO

D	S	T	Q	Q	S	S
				1	2	3
4	5	6	7	8	9	10
11	12	13	14	15	16	17
18	19	20	21	22	23	24
25	26	27	28			

MARÇO

D	S	T	Q	Q	S	S
				1	2	3
4	5	6	7	8	9	10
11	12	13	14	15	16	17
18	19	20	21	22	23	24
25	26	27	28	29	30	31

ABRIL

D	S	T	Q	Q	S	S
1	2	3	4	5	6	7
8	9	10	11	12	13	14
15	16	17	18	19	20	21
22	23	24	25	26	27	28
29	30					

MAIO

D	S	T	Q	Q	S	S
		1	2	3	4	5
6	7	8	9	10	11	12
13	14	15	16	17	18	19
20	21	22	23	24	25	26
27	28	29	30	31		

JUNHO

D	S	T	Q	Q	S	S
					1	2
3	4	5	6	7	8	9
10	11	12	13	14	16	16
17	18	19	20	21	22	23
24	25	26	26	28	29	30

JULHO

D	S	T	Q	Q	S	S
1	2	3	4	5	6	7
8	9	10	11	12	13	14
15	16	17	18	19	20	21
22	23	24	25	26	27	28
29	30	31				

AGOSTO

D	S	T	Q	Q	S	S
			1	2	3	4
5	6	7	8	9	10	11
12	13	14	15	16	17	18
19	20	21	22	23	24	25
26	27	28	29	30	31	

SETEMBRO

D	S	T	Q	Q	S	S
						1
2	3	4	5	6	7	8
9	10	11	12	13	14	15
16	17	18	19	20	21	22
23	24	25	26	27	28	29
30						

OUTUBRO

D	S	T	Q	Q	S	S
	1	2	3	4	5	6
7	8	9	10	11	12	13
14	15	16	17	18	19	20
21	22	23	24	25	26	27
28	29	30	31			

NOVEMBRO

D	S	T	Q	Q	S	S
				1	2	3
4	5	6	7	8	9	10
11	12	13	14	15	16	17
18	19	20	21	22	23	24
25	26	27	28	29	30	

DEZEMBRO

D	S	T	Q	Q	S	S
						1
2	3	4	5	6	7	8
9	10	11	12	13	14	15
16	17	18	19	20	21	22
23	24	25	26	27	28	29
30	31					

OS MESES PODEM TER 28, 29, 30 OU 31 DIAS.

A) CIRCULE, NO CALENDÁRIO ACIMA, OS MESES QUE TÊM 31 DIAS.

B) QUAL É O NOME DO MÊS DO SEU ANIVERSÁRIO?

....

C) EM QUE DIA DESSE MÊS VOCÊ FAZ ANIVERSÁRIO?

....

2 OBSERVE UM CALENDÁRIO DESTE ANO E COMPLETE:

ESTAMOS NO MÊS DE .... E ESSE MÊS

TEM .... DIAS.

3 VEJA O CARTAZ DOS ANIVERSARIANTES DO MÊS.

Ilustra Cartoon/Arquivo da editora

A) QUEM SÃO OS ANIVERSARIANTES DO MÊS DE ABRIL?

....

B) ESCREVA O NÚMERO DO DIA DO MÊS EM QUE ANA FAZ ANIVERSÁRIO? ....

C) ANA FAZ ANIVERSÁRIO:

( ) ANTES DE VÍTOR. ( ) DEPOIS DE VÍTOR.

4 RITA ANOTOU COM DESENHOS ALGUNS COMPROMISSOS DESTE MÊS.

Ilustrações: Ilustra Cartoon/Arquivo da editora

- EM QUE DIA DO MÊS RITA:

IRÁ À FESTA

VISITARÁ A LAURA

IRÁ AO TEATRO

MATEMÁTICA E DIVERSÃO

CONTANDO FOLHAS NO PARQUE

UM, DOIS, TRÊS
FOLHAS CAEM SEM PARAR
SEM PARAR, SEM PARAR
QUATRO, CINCO, SEIS,
SETE, OITO, NOVE
A DEZ NÃO CAI NO CHÃO
CAI BEM AQUI NA MINHA MÃO!

MARIA TERESA MARSICO

Ilustra Cartoon/Arquivo da editora

A) QUANTAS FOLHAS CAÍRAM DA ÁRVORE? ....

B) QUANTAS CRIANÇAS HÁ NA CENA? ....

GRÁFICO E TABELA

VEJA O RESULTADO DA PESQUISA FEITA PELA TURMA DE ANDRÉ PARA SABER QUAL É A HISTÓRIA INFANTIL PREFERIDA DOS ALUNOS.

- COM BASE NO GRÁFICO, QUAL É A HISTÓRIA PREFERIDA DA TURMA DE ANDRÉ?

....

ATIVIDADE

- VEJA NO GRÁFICO DA PÁGINA ANTERIOR QUANTOS ALUNOS ESCOLHERAM CADA HISTÓRIA E REGISTRE NA TABELA. DEPOIS RESPONDA ÀS QUESTÕES A SEGUIR.

HISTÓRIA INFANTIL	 CHAPEUZINHO VERMELHO	 OS TRÊS PORQUINHOS	 BRANCA DE NEVE	 PINÓQUIO
VOTOS				

Ilustra Cartoon/Arquivo da editora

A) QUANTOS ALUNOS PARTICIPARAM DA PESQUISA?

....

B) QUANTOS ESCOLHERAM PINÓQUIO? ....

C) QUAL FOI A HISTÓRIA MENOS CITADA? ....

D) AGORA, ESCREVA O NOME DAS HISTÓRIAS INFANTIS, COMEÇANDO PELA MAIS VOTADA ATÉ A MENOS VOTADA.

....

....

....

O TEMA É...

MEIOS DE TRANSPORTE E CONSCIÊNCIA AMBIENTAL

JULIANA E SEU IRMÃO, LUCAS, VÃO PARA A ESCOLA TODOS OS DIAS DE ÔNIBUS. TERESA, A MÃE DELES, USAVA O CARRO PARA IR TRABALHAR.

MAS COMO O AUTOMÓVEL É UM MEIO DE TRANSPORTE POLUENTE E QUE AUMENTA O TRÂNSITO NA CIDADE, DECIDIU CAMINHAR, ANDAR DE BICICLETA OU USAR ÔNIBUS QUANDO POSSÍVEL.

Ilustra Cartoon/Arquivo da editora

TERESA VAI ESCOLHER SEU MEIO DE TRANSPORTE CONFORME A DISTÂNCIA DOS LUGARES QUE FREQUENTA. ELA SE ORGANIZOU ASSIM:

- 0 a 2 quilômetros: a pé;
- 2 a 4 quilômetros: de bicicleta;
- Mais de 4 quilômetros: de ônibus ou de carro.

OBSERVE A TABELA E, DEPOIS, RESPONDA ÀS QUESTÕES:

DISTÂNCIA DA CASA DE TERESA	
ATÉ O SUPERMERCADO	1 QUILÔMETRO
ATÉ O PARQUE	3 QUILÔMETROS
ATÉ O TRABALHO	5 QUILÔMETROS
ATÉ O TEATRO	6 QUILÔMETROS

A) A QUAIS LUGARES TERESA IRÁ:

- DE ÔNIBUS OU DE CARRO? ....
- DE BICICLETA? ....
- A PÉ? ....

B) TERESA RESOLVEU IR À BIBLIOTECA PARA PEGAR UM LIVRO. A DISTÂNCIA DE SUA CASA ATÉ A BIBLIOTECA É A METADE DA DISTÂNCIA ATÉ O TEATRO. COMO ELA VAI SE LOCOMOVER?

....

Ilustrações: Ilustra Cartoon/Arquivo da editora

C) CONVERSE COM SEUS COLEGAS:

- O QUE VOCÊ ACHA DA ATITUDE DE TERESA?
- COMO VOCÊ E SEUS FAMILIARES SE LOCOMOVEM?
- VOCÊS JÁ VIRAM CENAS DO CAOS QUE PODE VIRAR O TRÂNSITO EM UMA CIDADE GRANDE?

CAPÍTULO 3

FORMANDO GRUPOS

GRUPOS COM CORES E FORMAS

ACOMPANHE A LEITURA COM SEU PROFESSOR.

UM DIA, QUANDO FELIPE CHEGOU À CASA DA VOVÓ, ENCONTROU VÁRIOS PEDAÇOS DE TECIDOS ESPALHADOS PELO CHÃO, PERTO DA MÁQUINA DE COSTURA.

Ilustra Cartoon/Arquivo da editora

A COLCHA DE RETALHOS, DE CONCEIL CORRÊA DA SILVA E NYE RIBEIRO SILVA. SÃO PAULO: EDITORA DO BRASIL, 1995.

ATIVIDADES

1 VEJA A IMAGEM ABAIXO. HÁ QUANTOS TIPOS DE TECIDO DIFERENTES?

Fotos: Fabio Heizenreger/Arquivo da editora

2 AGORA VAMOS AJUDAR O FELIPE A AGRUPAR OS TECIDOS?

A) CIRCULE DE AZUL OS TECIDOS DE BOLINHAS.

B) CIRCULE DE VERMELHO OS TECIDOS DE LISTRINHAS.

C) CIRCULE DE VERDE OS TECIDOS DE FLORZINHAS.

3 LEIA O TEXTO A SEGUIR COM O PROFESSOR E OS COLEGAS.

NUMA CIDADEZINHA BEM DISTANTE, AS CRIANÇAS VIVIAM TRISTES PORQUE NÃO TINHAM BRINQUEDOS, OS LÁPIS NÃO TINHAM COR; ERA TUDO MUITO TRISTE.

POR SORTE LÁ MORAVAM TAMBÉM ALGUMAS FIGURAS GEOMÉTRICAS: O CÍRCULO, O TRIÂNGULO, O QUADRADO E O RETÂNGULO. INCONFORMADOS COM AQUELA SITUAÇÃO, RESOLVERAM FAZER ALGUMA COISA.

— VAMOS AJUDAR AS CRIANÇAS CONSTRUINDO BRINQUEDOS COM AS NOSSAS FORMAS! — DISSE O CÍRCULO.

TODOS CONCORDARAM E LOGO COMEÇARAM A AGIR.

BRINCANDO COM FIGURAS GEOMÉTRICAS, DE MAZÉ LIRA. SÃO PAULO: SCIPIONE, 1997.

- NO ESPAÇO ABAIXO, DESENHE BRINQUEDOS COM AS FORMAS A SEGUIR.

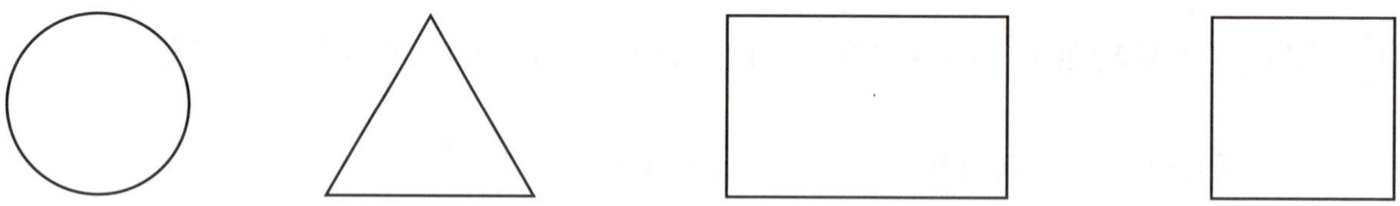

4 MARCELA CONVIDOU SEUS AMIGOS PARA UMA FESTA DO PIJAMA. OBSERVE A ILUSTRAÇÃO ABAIXO E MARQUE QUAIS CRIANÇAS VESTEM CAMISETAS DA MESMA COR.

A) MARQUE UM **X** NAS CRIANÇAS DE CAMISETA AZUL.

B) MARQUE UM **O** NAS CRIANÇAS DE CAMISETA VERMELHA.

C) MARQUE UM **Δ** NAS CRIANÇAS DE CAMISETA AMARELA.

Ilustrações: Ilustra Cartoon/Arquivo da editora

SÍMBOLOS E CÓDIGOS

O QUE TIAGO VAI FAZER COM A LATINHA DE SUCO? PINTE DE ACORDO COM O CÓDIGO E DESCUBRA.

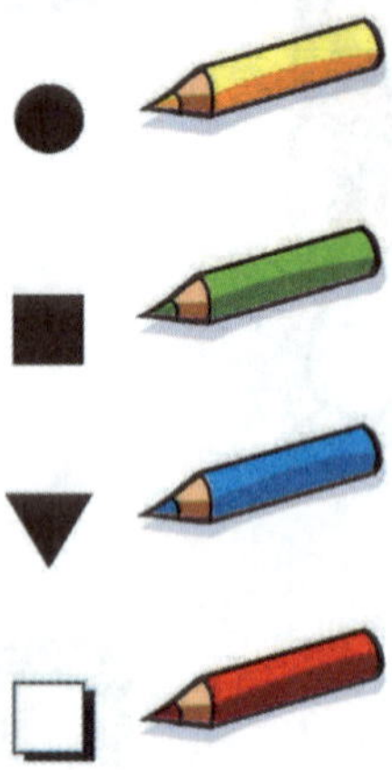

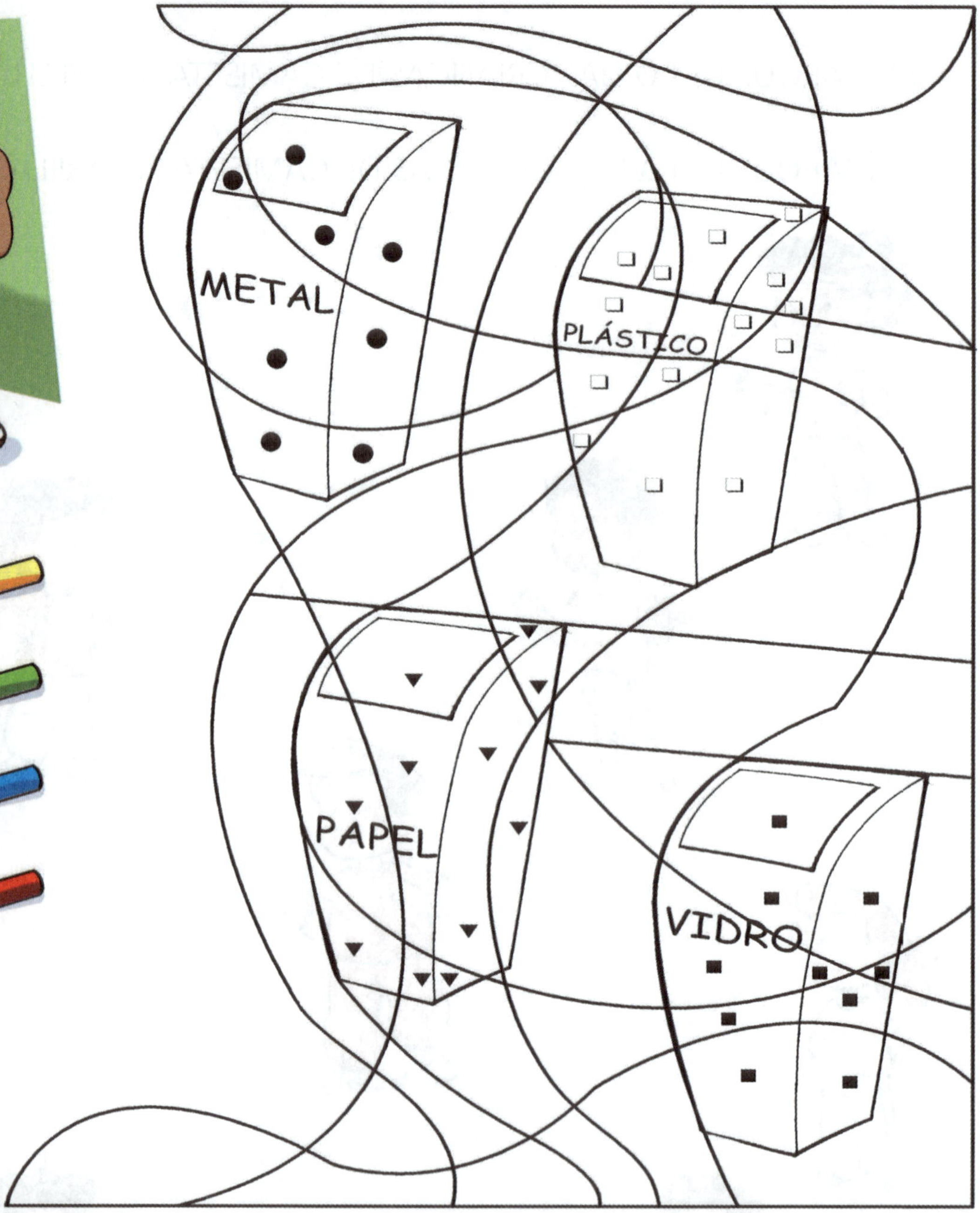

Ilustra Cartoon/Arquivo da editora

SAIBA MAIS

OBJETOS DE METAL, PLÁSTICO, VIDRO E PAPEL PODEM SER SEPARADOS PARA RECICLAGEM.

ATIVIDADE

- TIAGO E SEUS FAMILIARES COSTUMAM SEPARAR O LIXO EM CASA. VEJA A QUANTIDADE DE EMBALAGENS QUE ELES JUNTARAM EM UMA SEMANA.

PARA REGISTRAR ESSA QUANTIDADE, TIAGO MONTOU UM GRÁFICO.

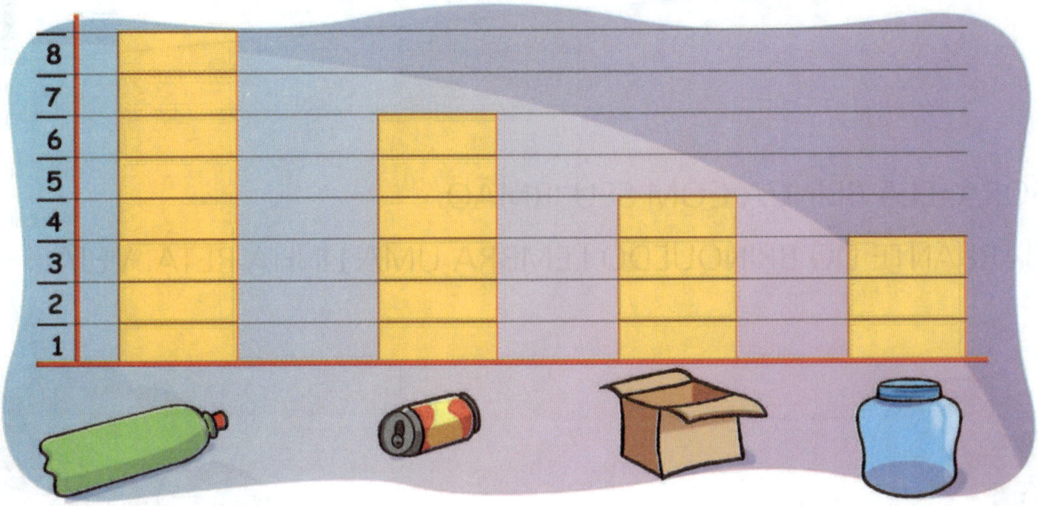

Ilustrações: Ilustra Cartoon/Arquivo da editora

A) QUANTO DE CADA TIPO DE MATERIAL FOI RECOLHIDO NA CASA DE TIAGO?

COMPLETE A TABELA A SEGUIR.

MATERIAL				
QUANTIDADE				

B) QUANTAS EMBALAGENS A FAMÍLIA DE TIAGO JUNTOU AO TODO?

....

CAPÍTULO 4

NOÇÕES DE GEOMETRIA

LINHAS RETAS E LINHAS CURVAS

COM DOIS COPOS DE PLÁSTICO E UM PEDAÇO DE BARBANTE, GABRIELA FEZ UM TELEFONE.

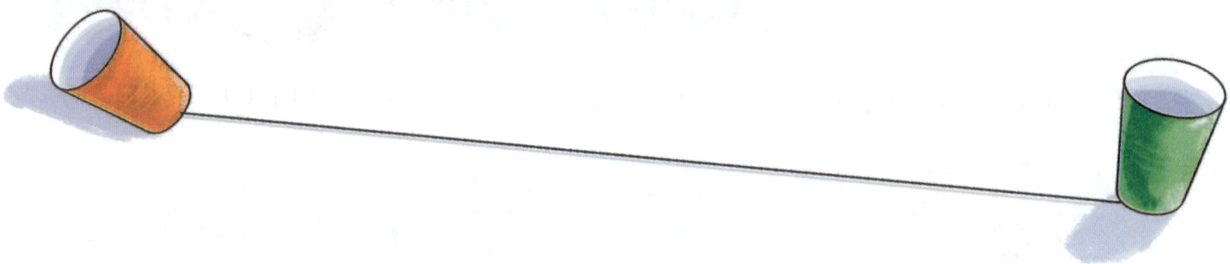

AGORA, ELA BRINCA COM SEU IRMÃO.

O BARBANTE DO BRINQUEDO LEMBRA UMA LINHA RETA. VEJA:

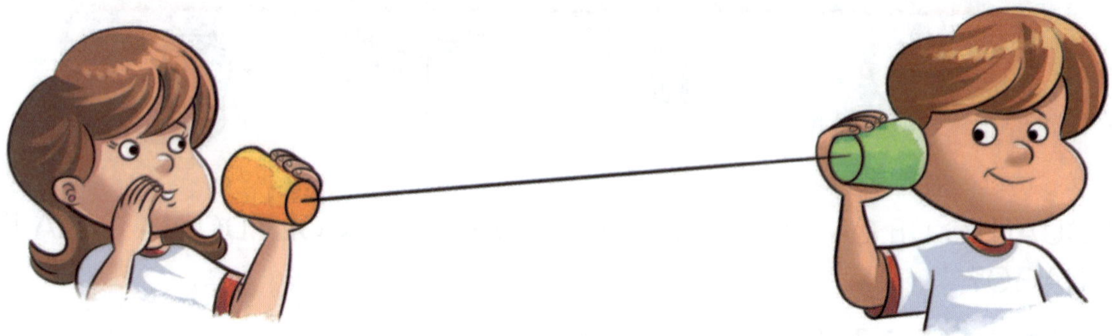

AS CRIANÇAS CANSARAM DA BRINCADEIRA E LARGARAM O BRINQUEDO NO CHÃO. AGORA O BARBANTE LEMBRA UMA LINHA CURVA. VEJA:

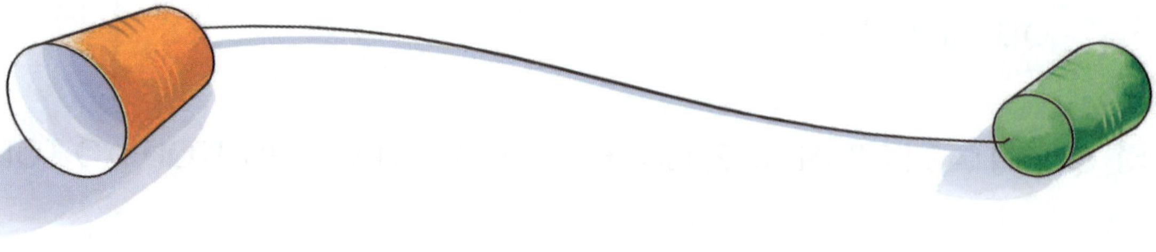

Ilustrações: Ilustra Cartoon/ Arquivo da editora

ATIVIDADES

1 PEDRO E MARIANA GOSTAM DE BRINCAR DE AMARELINHA. VOCÊ CONHECE ESSE JOGO? SABE COMO SE BRINCA?

TERMINE OS DESENHOS DA AMARELINHA, PASSANDO O LÁPIS VERMELHO NAS LINHAS CURVAS E O LÁPIS AZUL NAS LINHAS RETAS.

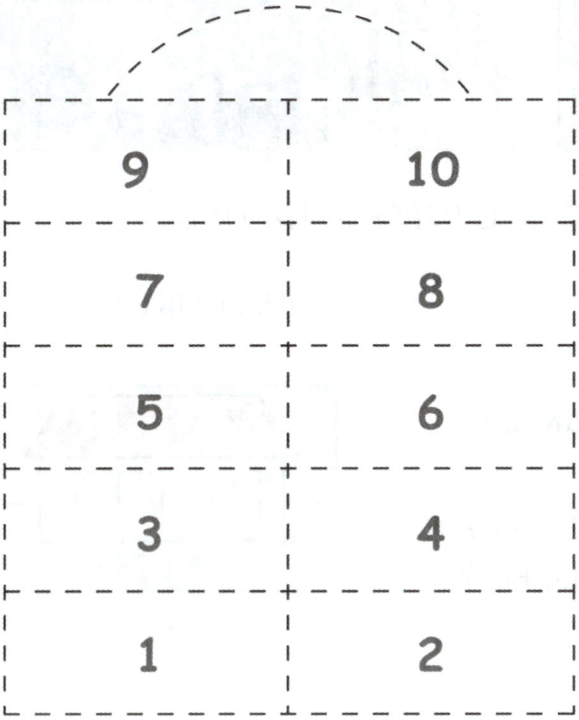

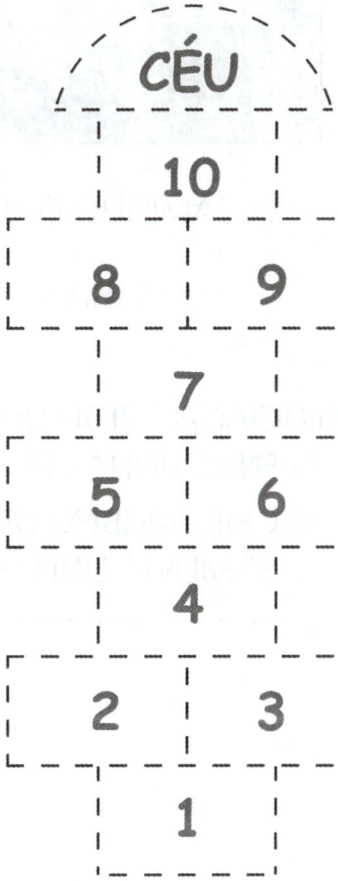

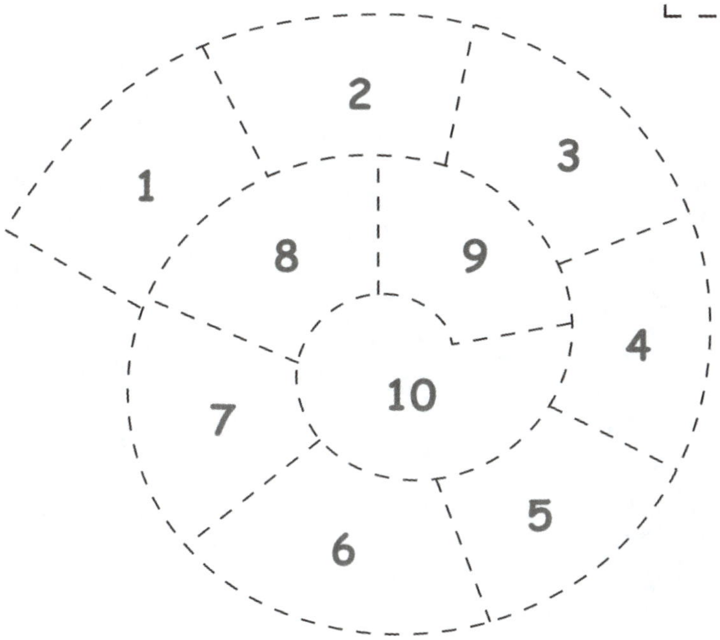

2 OBSERVE O CAMINHO QUE TADEU PERCORREU PARA CHEGAR ATÉ A ESCOLA:

Ilustrações: Ilustra Cartoon/Arquivo da editora

- O CAMINHO QUE TADEU PERCORREU REPRESENTA UMA:

( ) LINHA RETA. ( ) LINHA CURVA.

3 LUCIANA CRIOU UMA FIGURA USANDO APENAS LINHAS RETAS.

- CRIE TAMBÉM UMA FIGURA QUE TENHA SOMENTE LINHAS RETAS. DEPOIS, PINTE-A.

LINHAS ABERTAS E LINHAS FECHADAS

ARI E DORA FIZERAM DESENHOS NA LOUSA. VEJA:

A) QUEM DESENHOU LINHA ABERTA?

◯ ARI ◯ DORA

B) A COR DA LINHA ABERTA É:

◯ VERMELHA. ◯ AZUL.

C) QUE TIPO DE LINHA ARI DESENHOU?

◯ ABERTA ◯ FECHADA

D) A COR DA LINHA FECHADA É:

◯ VERMELHA. ◯ AZUL.

ATIVIDADES

1 LEIA E DEPOIS FAÇA UMA LINHA FECHADA PARA AGRUPAR DONA GALINHA E SEUS PINTINHOS.

VEJA SÓ DONA GALINHA,
CERCADA DE SEUS PINTINHOS.
SÃO PEQUENOS, MUITO FOFOS,
E ESTÃO SEMPRE JUNTO À MÃE.

OS ANIMAIS DO SÍTIO,
DE LÚCIA PIMENTEL GÓES.
SÃO PAULO: SCIPIONE, 1996.

Avalone/Arquivo da editora

2 LIGUE AS FIGURAS SEGUINDO A ORDEM DAS CORES.

- AGORA, MARQUE COM UM **X** O TIPO DE LINHA QUE VOCÊ TRAÇOU.

( ) ABERTA　　( ) FECHADA

3 OBSERVE OS ANIMAIS DO SÍTIO. ALGUNS ESTÃO DENTRO DO CERCADO E OUTROS ESTÃO FORA. FAÇA UM **X** NOS ANIMAIS QUE ESTÃO FORA DO CERCADO.

4 OBSERVE A FIGURA:

Ilustrações: Ilustra Cartoon/Arquivo da editora

AGORA RESPONDA:

- QUANTAS CRIANÇAS ESTÃO NO INTERIOR DA RODA?

CAPÍTULO 5 COLEÇÕES E AGRUPAMENTOS

A PROFESSORA DE MILENA PERGUNTOU PARA A TURMA QUEM COLECIONA ALGUM OBJETO. VEJA O QUE ALGUMAS CRIANÇAS DISSERAM:

Ilustrações: Ilustra Cartoon/Arquivo da editora

NOÇÃO DE CONJUNTO

VEJA OS GRUPOS QUE AS CRIANÇAS COLECIONAM:

DAMOS O NOME DE **CONJUNTO** A TODO **GRUPO** OU **COLEÇÃO**.

ATIVIDADES

1 A TURMA DO 1º ANO ESTÁ JUNTANDO GARRAFAS PET, CAIXAS DE PAPELÃO E POTES DE IOGURTE PARA FAZER BRINQUEDOS NO FINAL DO ANO. VEJA O GRÁFICO QUE A PROFESSORA FEZ.

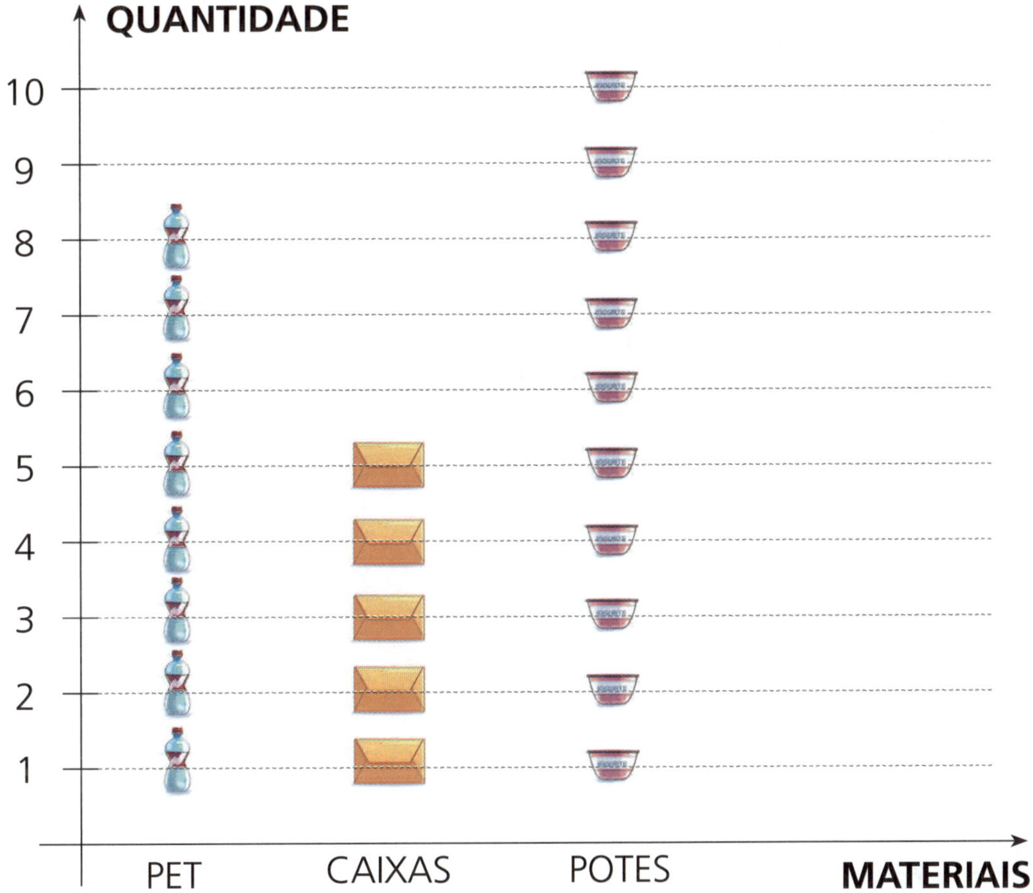

- AGORA, COMPLETE A TABELA ESCREVENDO QUANTO DE CADA MATERIAL OS ALUNOS JUNTARAM.

MATERIAL		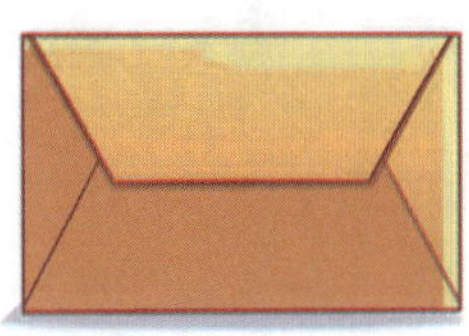	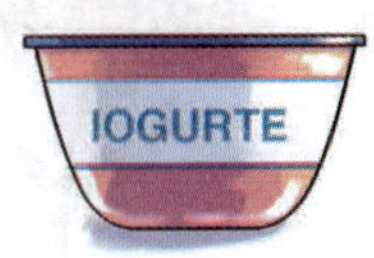
QUANTIDADE			

Ilustrações: Ilustra Cartoon/Arquivo da editora

2 COMPLETE OS GRUPOS ABAIXO, DESENHANDO ANIMAIS, FRUTAS E FLORES.

ANIMAIS

FRUTAS

FLORES

Ilustrações: Avalone/Arquivo da editora

3 NO PRIMEIRO QUADRO, DESENHE ALGUMA COISA QUE VOCÊ COLECIONA OU GOSTARIA DE COLECIONAR. NO SEGUNDO, DESENHE ALGUMA COISA QUE SEU COLEGA AO LADO COLECIONA OU GOSTARIA DE COLECIONAR. NÃO SE ESQUEÇA DE COMPLETAR AS FICHAS.

ESTA É UMA COLEÇÃO DE ....

ESCOLHIDA POR ....

ESTA É UMA COLEÇÃO DE ....

ESCOLHIDA POR ....

4 CIRCULE OS OBJETOS ABAIXO PARA AGRUPÁ-LOS:

- POR CORES.
- POR TAMANHOS IGUAIS.

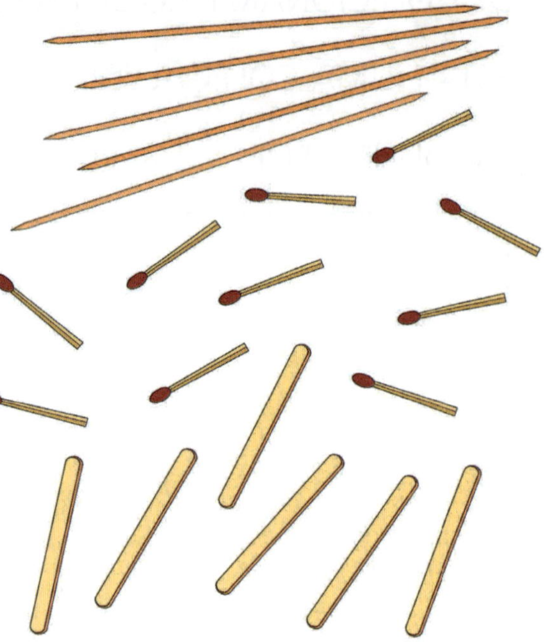

5 ESCOLHA ALGUNS DOS OBJETOS ABAIXO E DESENHE-OS DENTRO DE CADA ESTOJO, NA QUANTIDADE INDICADA PELO NÚMERO DA ETIQUETA.

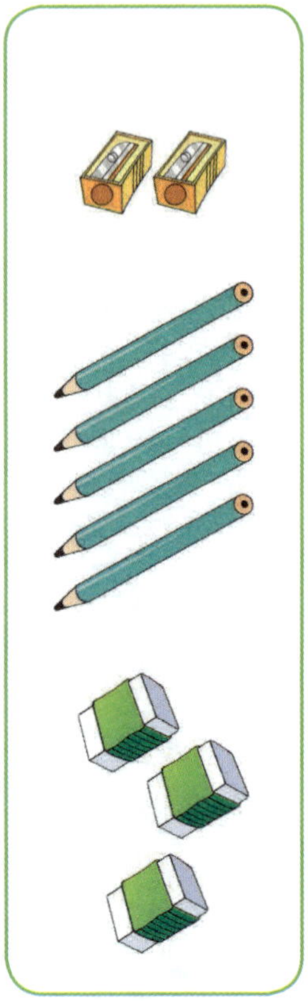

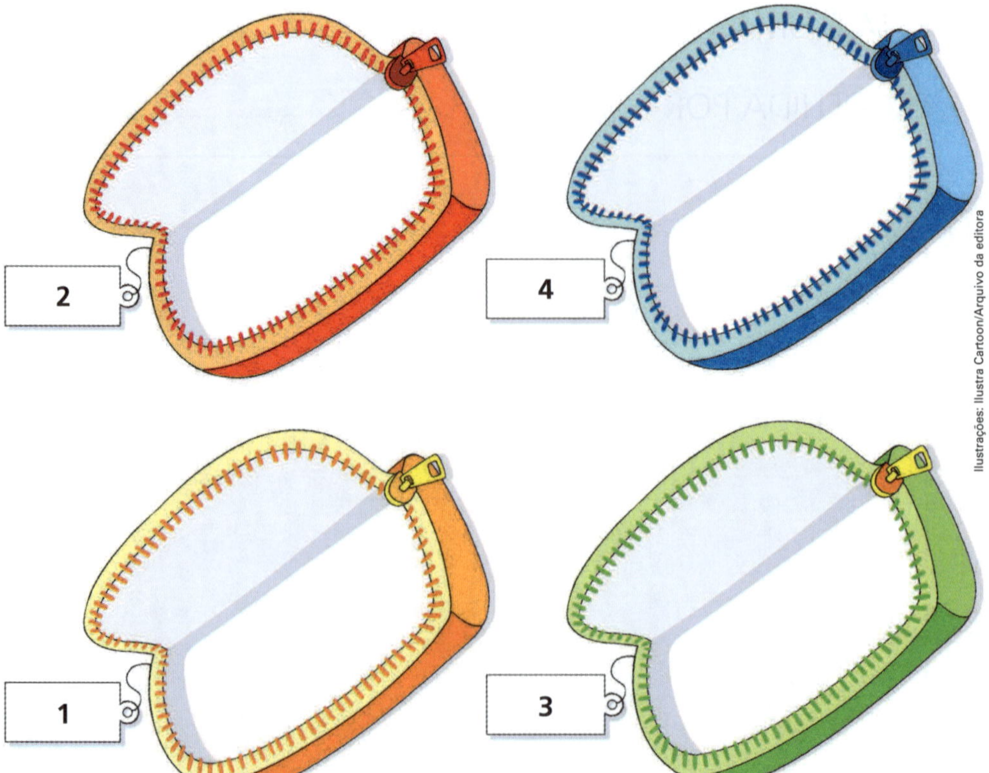

Ilustrações: Ilustra Cartoon/Arquivo da editora

6 QUANTAS CRIANÇAS APARECEM NA CENA? LIGUE CADA UMA DELAS A UM LIVRO.

Ilustrações: Ilustra Cartoon/Arquivo da editora

- QUANTOS LIVROS SOBRARAM?

7 BETO, JULIANA E DANIEL COLECIONAM LIVROS DE CONTOS DE FADAS. CIRCULE DE VERDE A CRIANÇA QUE POSSUI MAIS LIVROS, E DE VERMELHO A CRIANÇA QUE POSSUI MENOS LIVROS.

IDEIAS EM AÇÃO

MOSAICOS

MATERIAL NECESSÁRIO

- TESOURA SEM PONTAS
- COLA
- JORNAIS, REVISTAS, PAPÉIS DE EMBALAGENS, ETC.

cpaulfell/Shutterstock/Glow Images

ARTE EM PEDACINHOS

MOSAICOS SÃO DESENHOS FEITOS COM VÁRIAS PECINHAS COLORIDAS, COMO UM QUEBRA-CABEÇA. PARA ISSO, OS ARTISTAS PODEM APROVEITAR DIVERSOS TIPOS DE MATERIAL, COMO PEDRA, VIDRO, CERÂMICA, CONCHA, ESPELHO, COURO, PAPEL E ATÉ METAIS PRECIOSOS.

konmesa/Shutterstock/Glow Images

DE PECINHA EM PECINHA

PARA CRIAR MOSAICOS, OS ARTISTAS COSTUMAM FAZER UM DESENHO EM PAPEL. DEPOIS, PASSAM A FIGURA PARA A SUPERFÍCIE ONDE VÃO COLAR AS PECINHAS QUE DEFINIRÃO O TRABALHO. ELAS PODEM SER GRUDADAS COM COLA, CIMENTO OU OUTRO MATERIAL QUALQUER.

PARA CONSEGUIR ESSAS PEÇAS, ELES VÃO CORTANDO VIDRO OU CERÂMICA COM FERRAMENTAS APROPRIADAS, QUE LEMBRAM UM ALICATE. É POSSÍVEL USAR PEDACINHOS QUADRADOS, RETANGULARES E ATÉ REDONDOS, DEPENDENDO DO EFEITO QUE O ARTISTA QUER DAR AO SEU TRABALHO.

ARTE EM PEDACINHOS, REVISTA **RECREIO**, SÃO PAULO: ABRIL, ANO 3, N. 121, 4 JUL. 2002. P. 20 E 21. TEXTO ADAPTADO.

AGORA O ARTISTA É VOCÊ!

FAÇA UM DESENHO SIMPLES, VOCÊ PODE ESCOLHER QUALQUER IMAGEM: UM OBJETO, UM ANIMAL OU UMA PAISAGEM. EM SEGUIDA, COM A TESOURA SEM PONTAS, RECORTE OS PAPÉIS EM PEQUENOS PEDAÇOS, COLE-OS NA IMAGEM E FAÇA SEU PRÓPRIO MOSAICO.

UNIDADE 2

NÚMEROS NATURAIS

VAMOS CONVERSAR?

- O QUE AS CRIANÇAS ESTÃO FAZENDO NA PRIMEIRA CENA? E NA SEGUNDA?
- O QUE SIGNIFICAM OS NÚMEROS NA PRIMEIRA PARLENDA? E NA SEGUNDA?

O QUE VOU ESTUDAR?

- NÚMEROS NATURAIS
- SISTEMAS DE NUMERAÇÃO

Ilustra Cartoon/Arquivo da editora

CAPÍTULO 6 OS NÚMEROS DE 0 A 9

OED

VOCÊ JÁ BRINCOU DE AMARELINHA?

QUANTOS NÚMEROS HÁ NESTA AMARELINHA?

Ilustra Cartoon/Arquivo da editora

POR QUAIS CASAS A MENINA DEVERÁ PASSAR ATÉ CHEGAR AO 10?

....

....

ATIVIDADES

1 COMPLETE OS NÚMEROS DA AMARELINHA.

Ilustra Cartoon/Arquivo da editora

2 PEDRO FORMOU TRÊS PARES NO JOGO DA MEMÓRIA. COMPLETE COM OS NÚMEROS.

Ilustrações: Avalone/Arquivo da editora

.... TRÊS

.... CINCO

.... UM

3 PINTE DA MESMA COR AS FIGURAS QUE REPRESENTAM A MESMA QUANTIDADE.

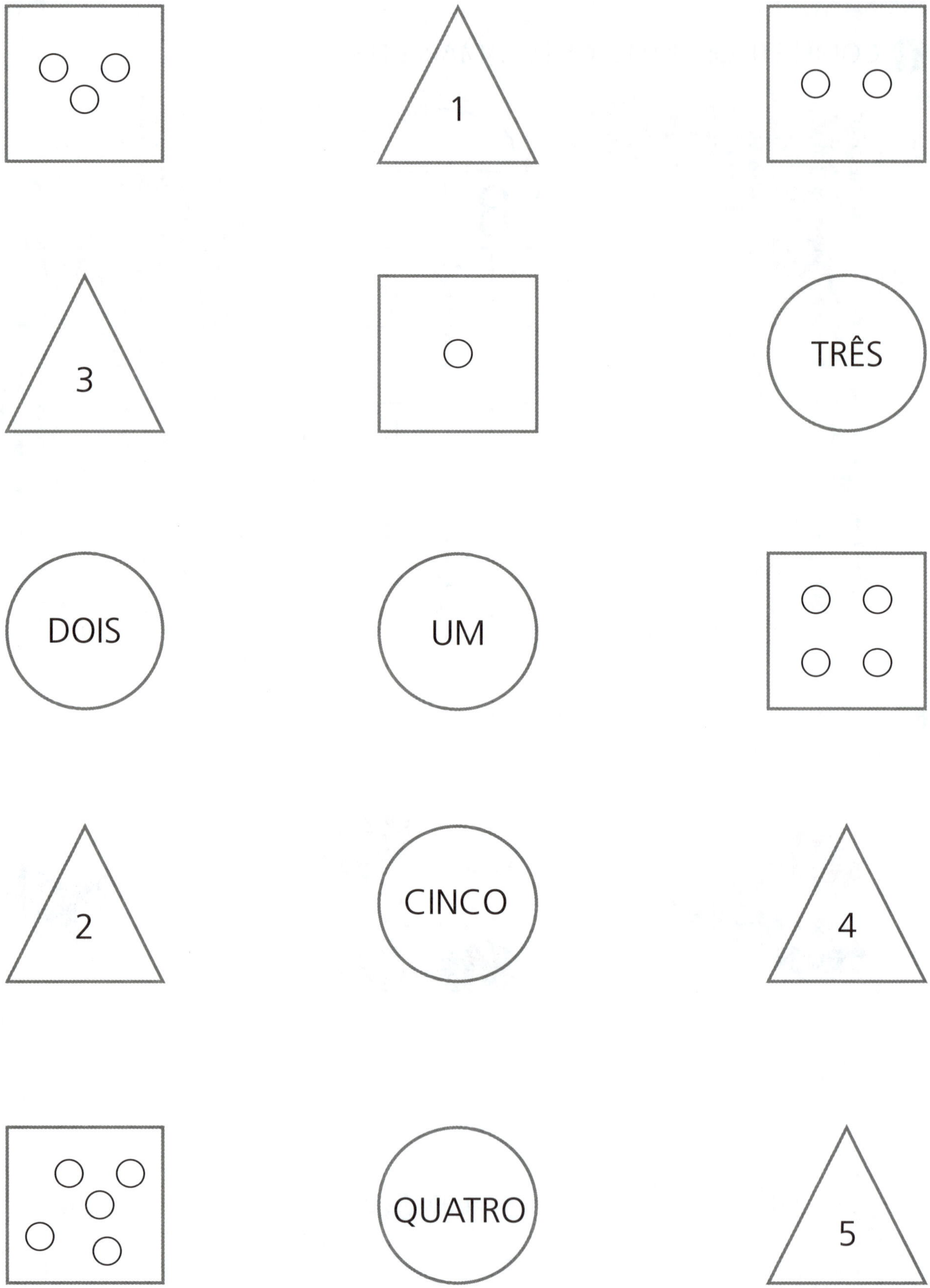

4 FAÇA BOLINHAS COLORIDAS PARA REPRESENTAR A QUANTIDADE DE CRIANÇAS. DEPOIS, ESCREVA NO QUADRINHO O NÚMERO QUE CORRESPONDE A CADA QUANTIDADE.

Ilustrações: Avalone/Arquivo da editora

5 COPIE OS NÚMEROS SEGUINDO OS MOVIMENTOS INDICADOS PELAS SETAS.

1 — um

2 — dois

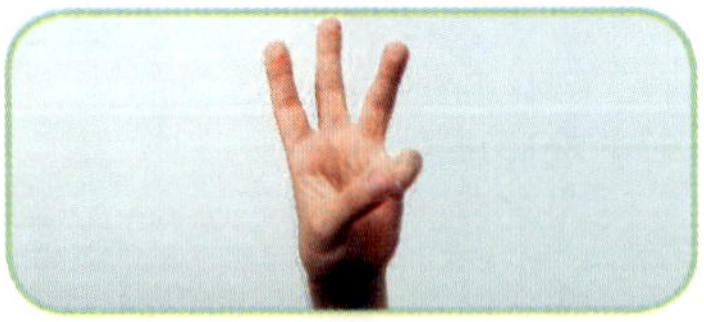
3 — três

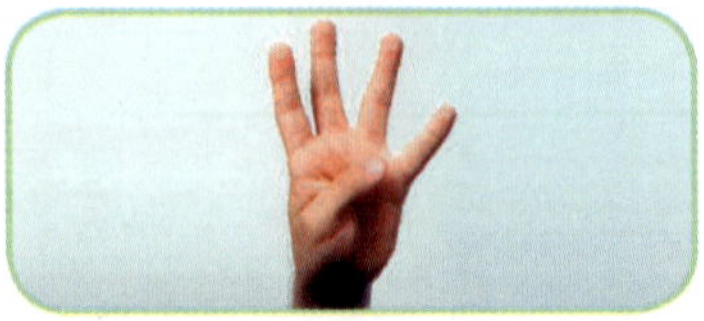
4 — quatro

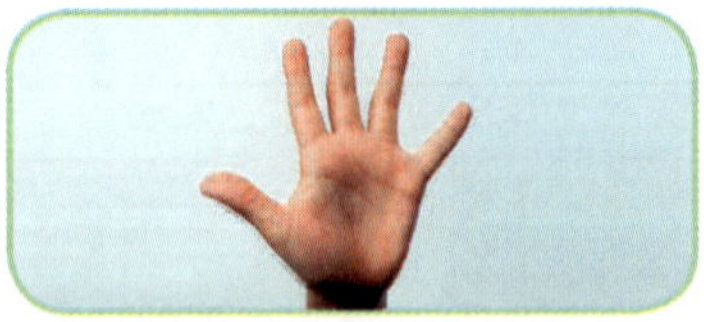
5 — cinco

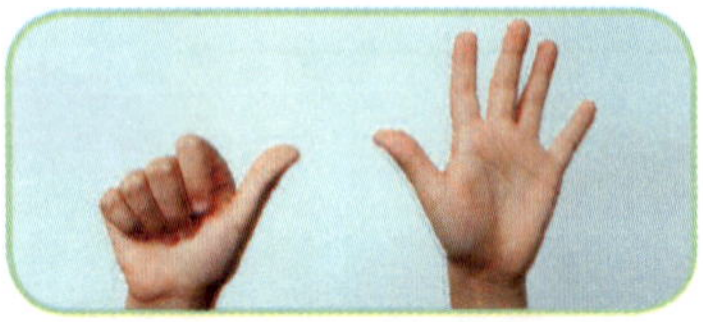
6 — seis

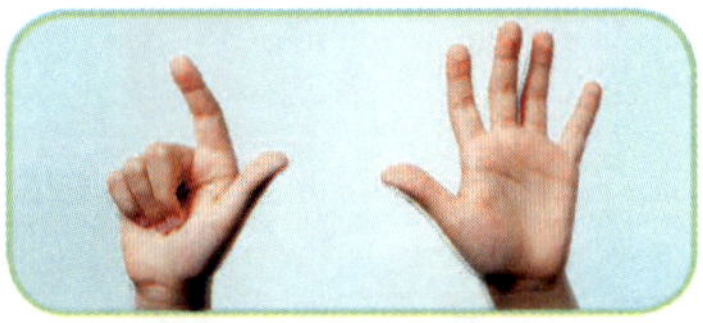
7 — sete

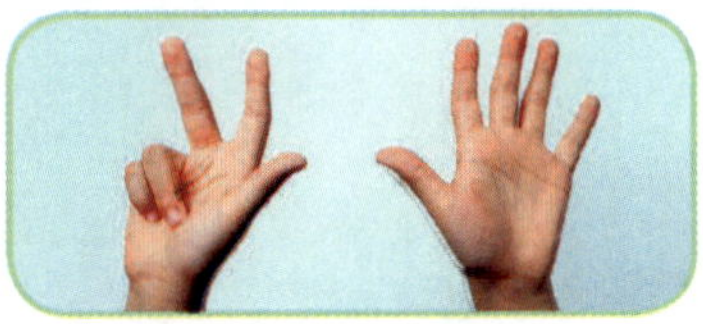
8 — oito

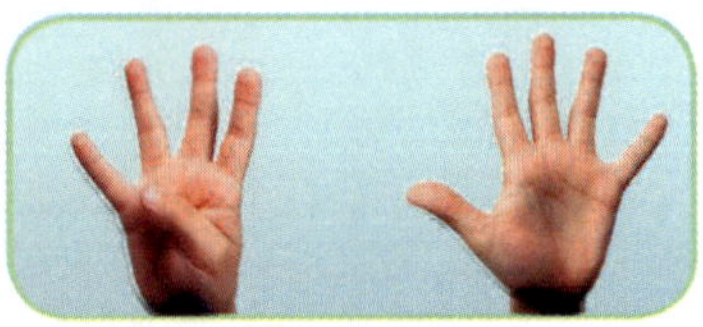
9 — nove

Fotos: Sérgio Dotta Jr./The Next

6 QUANTAS PESSOAS HÁ EM CADA CENA? MARQUE COM UM **X** O NÚMERO CORRETO. DEPOIS, ESCREVA NO QUADRINHO EM BRANCO O NÚMERO QUE VOCÊ MARCOU.

7 2 9 ☐

9 5 3 ☐

Ilustrações: Ilustra Cartoon/Arquivo da editora

7 COMPLETE. VEJA O EXEMPLO.

1 um

O NÚMERO ZERO

CHEGARAM AS NOVAS BOLAS E OS ALUNOS ESTÃO CONTENTES.

Ilustrações: Ilustra Cartoon/Arquivo da editora

A) QUANTAS BOLAS HÁ NA CAIXA? ....

B) QUANTOS SÃO OS ALUNOS? ....

C) SE CADA CRIANÇA PEGAR UMA BOLA, QUANTAS SOBRARÃO?

....

- AGORA, ESCREVA O NÚMERO ZERO.

ZERO ⟶ 0

ATIVIDADE

- É HORA DO RECREIO!

  VEJA O QUE AS CRIANÇAS FAZEM E RESPONDA:

Ilustra Cartoon/Arquivo da editora

A) QUANTAS CRIANÇAS ESTÃO NO PÁTIO DA ESCOLA?

B) QUANTAS ESTÃO BRINCANDO DE RODA?

C) QUANTAS ESTÃO NA GANGORRA?

D) QUANTOS MENINOS ESTÃO NO PARQUE?

E) QUANTOS BALANÇOS ESTÃO OCUPADOS?

F) QUANTAS CRIANÇAS ESTÃO SENTADAS NO CHÃO?

COMPARANDO QUANTIDADES

NA SALA DE AULA, A PROFESSORA DISTRIBUIU ALGUNS BLOCOS COLORIDOS AOS ALUNOS. PEDRO E SEUS COLEGAS EMPILHARAM ESSES BLOCOS E CRIARAM UM OBJETO.

Ilustrações: Avalone/Arquivo da editora

- QUANTOS BLOCOS DE CADA TIPO OS ALUNOS USARAM? INDIQUE A QUANTIDADE PINTANDO OS RETÂNGULOS DA TABELA.

ATIVIDADES

1 OBSERVE A IMAGEM DA PÁGINA ANTERIOR.

A) AGORA DESENHE O BLOCO QUE FOI USADO EM MAIOR QUANTIDADE NA CONSTRUÇÃO.

B) DESENHE AS DUAS FIGURAS QUE FORAM USADAS EM QUANTIDADES IGUAIS.

2 AS CRIANÇAS ESTÃO CONTANDO AS PEÇAS PARA FAZEREM OUTRAS FIGURAS. VAMOS AJUDÁ-LAS.

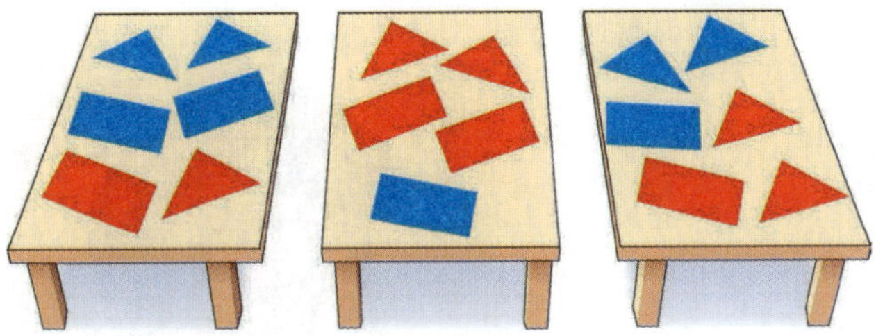

Ilustrações: Ilustra Cartoon/ Arquivo da editora

A) QUANTOS SÃO OS  ? ....

B) QUANTOS SÃO OS  ? ....

C) HÁ MAIS  OU  ? ....

D) A QUANTIDADE DE  E DE  É:

- ◯ IGUAL
- ◯ DIFERENTE

E) QUANTOS SÃO OS  ? ....

F) QUANTOS SÃO OS  ? ....

G) A QUANTIDADE DE  E DE  É:

- ◯ IGUAL
- ◯ DIFERENTE

3 DESENHE A QUANTIDADE DE LIVROS QUE CADA CRIANÇA LEU. DEPOIS, ESCREVA OS SINAIS = (IGUAL) OU ≠ (DIFERENTE).

A) PAULA LEU 5 LIVROS E RENATO TAMBÉM.

5 5

B) LUÍS LEU 2 LIVROS E RITA LEU 1.

2 1

C) JUCA E SEU IRMÃO LERAM 3 LIVROS CADA UM.

Ilustrações: Ilustra Cartoon/Arquivo da editora

3 3

4 PEDRO E SEUS COLEGAS GOSTAM DE RECITAR VERSOS. VAMOS RECITAR TAMBÉM?

NA ARCA DE NOÉ
MUITOS ANIMAIS SE ABRIGARAM
PARA SE PROTEGER DA TEMPESTADE
QUE AOS POUCOS SE APROXIMAVA

DESENHE OS ANIMAIS NAS ARCAS DE ACORDO COM O NÚMERO INDICADO. DEPOIS, USE = OU ≠.

 8 .... 8 

 6 .... 4 

Ilustrações: Ilustra Cartoon/Arquivo da editora

MAIOR QUE E MENOR QUE

A PROFESSORA FEZ UMA PESQUISA PARA SABER QUANTOS LIVROS OS ALUNOS HAVIAM LIDO NO MÊS ANTERIOR.

AS BARRINHAS COLORIDAS REPRESENTAM A QUANTIDADE DE LIVROS LIDOS.

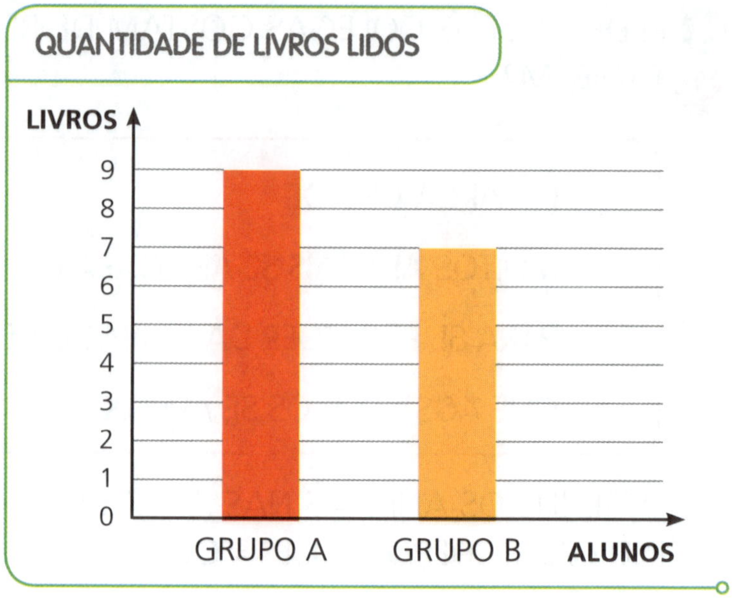

COMPARE A QUANTIDADE DE LIVROS LIDOS PELO GRUPO **A** COM A QUANTIDADE DE LIVROS LIDOS PELO GRUPO **B**.

GRUPO A

GRUPO B

Ilustrações: Avalone/Arquivo da editora

9 É MAIOR QUE 7

PARA INDICAR QUE UMA QUANTIDADE É **MAIOR QUE** OUTRA, USAMOS O SINAL **>**.

$9 > 7$

9 É MAIOR QUE 7

PARA INDICAR QUE UMA QUANTIDADE É **MENOR QUE** OUTRA, USAMOS O SINAL **<**.

$7 < 9$

7 É MENOR QUE 9

ATIVIDADES

1 OBSERVE O NÚMERO QUE ACOMPANHA AS CRIANÇAS. DEPOIS DESENHE OS OBJETOS EM QUE ELAS ESTÃO PENSANDO NA QUANTIDADE INDICADA. VEJA O EXEMPLO.

Ilustrações: Ilustra Cartoon/ Arquivo da editora

- AGORA, RESPONDA:

1 É MAIOR QUE 5? SIM ◯ NÃO ◯

3 É MENOR QUE 4? SIM ◯ NÃO ◯

1 É MAIOR QUE 2? SIM ◯ NÃO ◯

2 É MENOR QUE 5? SIM ◯ NÃO ◯

2 COMPLETE USANDO > OU <.

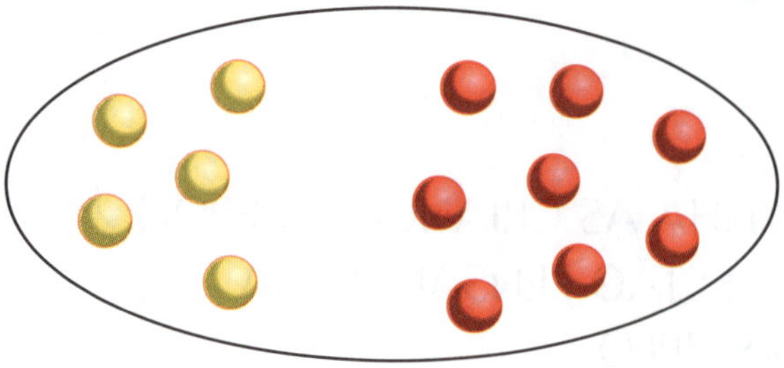

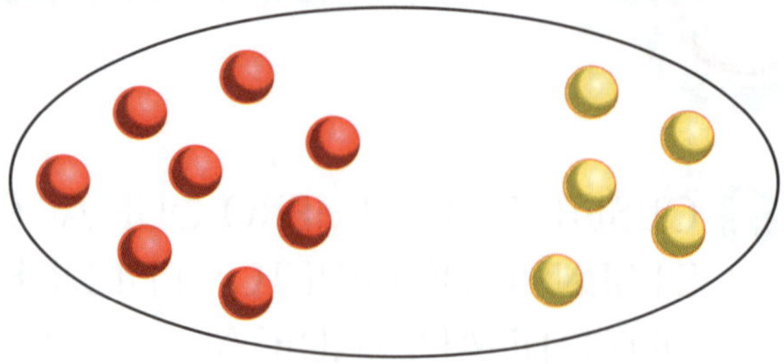

5 8   8 5

3 CAROL E JOÃO BRINCAM NA HORA DO RECREIO COM SUAS BOLINHAS DE GUDE.

Ilustrações: Ilustra Cartoon/Arquivo da editora

- OBSERVE A QUANTIDADE DE BOLINHAS DE GUDE:

  A) QUANTAS BOLINHAS SÃO AMARELAS? ☐

  B) QUANTAS BOLINHAS SÃO VERMELHAS? ☐

  C) AS BOLINHAS AMARELAS SÃO DE JOÃO E AS BOLINHAS VERMELHAS SÃO DE CAROL. QUEM TEM MAIS BOLINHAS DE GUDE?

◯ CAROL   ◯ JOÃO

ORDENAÇÃO DE NÚMEROS

ORDEM CRESCENTE E ORDEM DECRESCENTE

LUCIANA GUARDOU SUAS BOLINHAS DE GUDE EM VÁRIOS CESTOS.

VEJA ABAIXO COMO ELA ORGANIZOU AS BOLINHAS. DEPOIS ESCREVA NOS QUADRINHOS QUANTAS BOLINHAS HÁ EM CADA CESTO.

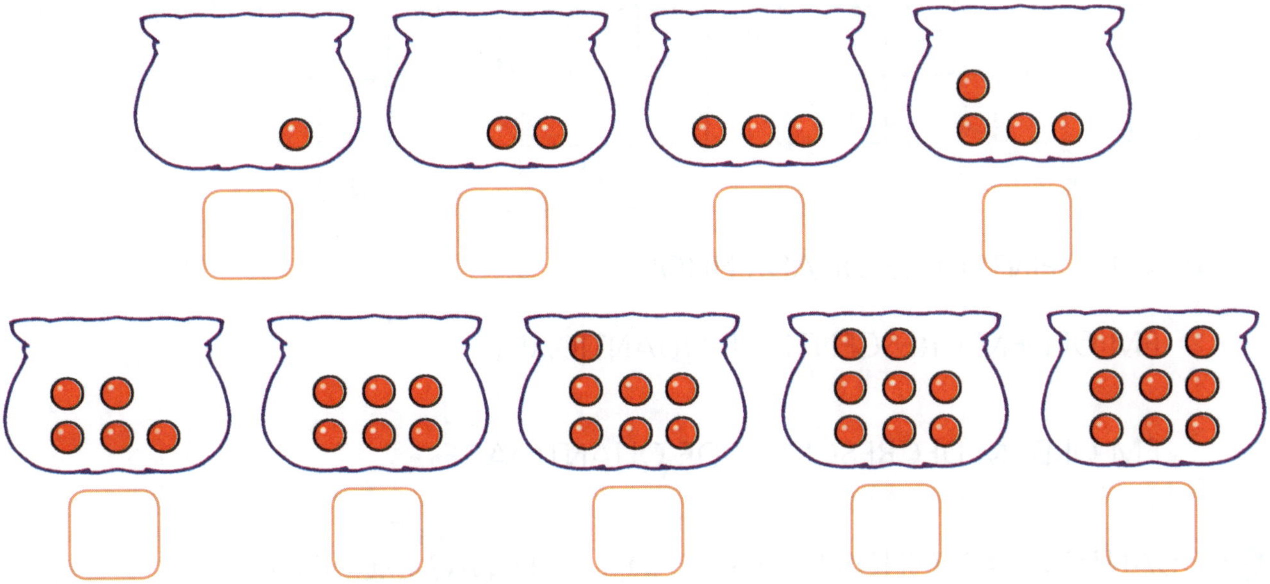

OS CESTOS COM BOLINHAS DE GUDE ESTÃO ORGANIZADOS EM **ORDEM CRESCENTE** DE QUANTIDADE.

COMO SERÁ QUE LUCIANA ORGANIZOU AS BOLINHAS ABAIXO? AJUDE-A, DESENHANDO AS BOLINHAS QUE FALTAM.

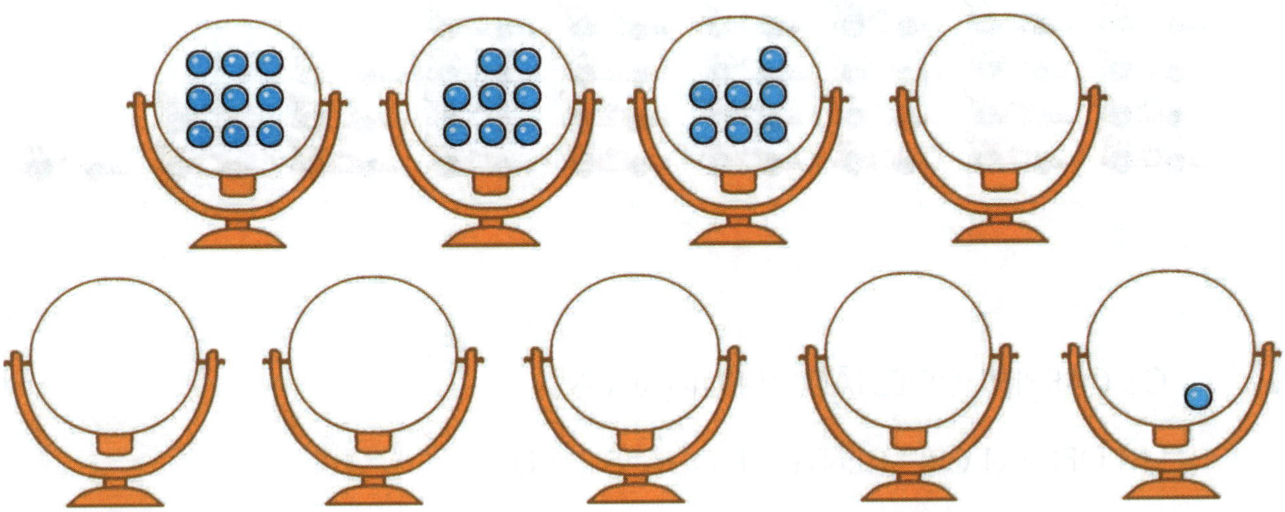

Ilustrações: Avalone/Arquivo da editora

DESSA VEZ, LUCIANA ARRUMOU AS BOLINHAS EM **ORDEM DECRESCENTE** DE QUANTIDADE.

ATIVIDADES

1 PINTE A QUANTIDADE DE QUADRINHOS INDICADA.

1 2 3 4 5

- VOCÊ PINTOU OS QUADRINHOS:

  EM ORDEM CRESCENTE DE QUANTIDADE. ◯

  EM ORDEM DECRESCENTE DE QUANTIDADE. ◯

2 QUANTOS CARRINHOS HÁ EM CADA COLUNA? ESCREVA.

Ilustrações: Avalone/Arquivo da editora

- OS CARRINHOS ESTÃO ARRUMADOS:

  EM ORDEM CRESCENTE DE QUANTIDADE. ◯

  EM ORDEM DECRESCENTE DE QUANTIDADE. ◯

3 CIRCULE OS NÚMEROS ESCRITOS POR EXTENSO NA PARLENDA.

UM, DOIS, FEIJÃO COM ARROZ
TRÊS, QUATRO, FEIJÃO NO PRATO
CINCO, SEIS, MOLHO INGLÊS
SETE, OITO, COMER BISCOITOS
NOVE, DEZ, COMER PASTÉIS.

PARLENDA POPULAR

- AGORA COMPLETE:

  OS NÚMEROS NA PARLENDA ESTÃO EM ORDEM ....

- ESCREVA OS NÚMEROS DA PARLENDA EM ORDEM CRESCENTE USANDO O SINAL < (MENOR QUE).

  ....

  ....

- ESCREVA OS NÚMEROS DA PARLENDA EM ORDEM DECRESCENTE USANDO O SINAL > (MAIOR QUE).

  ....

  ....

4 LIGUE OS PONTOS SEGUINDO A ORDEM CRESCENTE DOS NÚMEROS E DESCUBRA QUAL É A FIGURA.

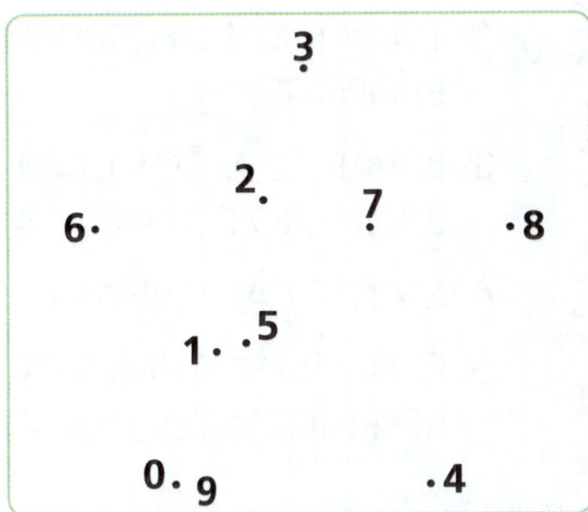

O TEMA É...

SAÚDE

VOCÊ ESTUDOU OS NÚMEROS NO DIA A DIA E RECONHECEU MUITAS SITUAÇÕES EM QUE ELES ESTÃO PRESENTES. LEIA OS TEXTOS A SEGUIR SOBRE SAÚDE INFANTIL E OBSERVE COMO PODEMOS USAR OS NÚMEROS PARA ELABORAR LISTAS.

BONS HÁBITOS PARA CRIANÇAS

Ilustra Cartoon/Arquivo da editora

1. ESCOVAR OS DENTES COM APENAS UM POUCO DE PASTA ADEQUADA APÓS AS REFEIÇÕES.
2. TOMAR BANHO DIARIAMENTE USANDO XAMPU E SABONETE PRÓPRIOS.
3. LAVAR AS MÃOS COM ÁGUA E SABÃO DEPOIS DE USAR O BANHEIRO E ANTES DAS REFEIÇÕES.
4. MANTER AS UNHAS CURTAS E LIMPAS.
5. CUIDAR DA ALIMENTAÇÃO, EVITANDO SUCOS ADOÇADOS, REFRIGERANTES E DOCES.

ROTINA PARA REALIZAR COM A FAMÍLIA

Ilustra Cartoon/Arquivo da editora

1. TOMAR UM CAFÉ DA MANHÃ CAPRICHADO COM CALMA E ALIMENTOS VARIADOS. É UMA REFEIÇÃO MUITO IMPORTANTE E FORNECE ENERGIA PARA A CRIANÇA BRINCAR, ESTUDAR E CRESCER AO LONGO DO DIA.
2. BRINCAR TAMBÉM É PRECISO! É NECESSÁRIO GUARDAR UM TEMPO PARA ESTA ATIVIDADE.
3. DEPOIS DE BRINCAR OU DE IR À ESCOLA, AS CRIANÇAS TÊM FOME E DEVEM RECEBER UM ALMOÇO BEM COLORIDO, ISTO É, COM DIFERENTES NUTRIENTES, INCLUINDO OS LEGUMES.
4. ALGUMAS CRIANÇAS GOSTAM DE DORMIR DEPOIS DO ALMOÇO. ESSE DESCANSO PODE SER BOM PARA SEU CRESCIMENTO.
5. SEMPRE QUE POSSÍVEL REÚNA TODA A FAMÍLIA PARA O JANTAR. ASSIM, TODOS CONVERSAM SOBRE O SEU DIA.
6. HORA DE DORMIR: NADA COMO UM BOM LIVRO PARA LER NA CAMA ANTES DE PEGAR NO SONO.

VOCÊ LEU TODOS OS ITENS RELATIVOS À SAÚDE INFANTIL? QUANTOS DELES REFEREM-SE AOS BONS HÁBITOS? E QUANTOS REFEREM-SE ÀS ROTINAS PARA AS CRIANÇAS REALIZAREM COM A FAMÍLIA?

QUAIS DESSES ITENS VOCÊ CONSIDERA MAIS IMPORTANTES?

VOCÊ ACHA QUE OS NÚMEROS PODEM AJUDAR A ELABORAR UM TEXTO? CONVERSE COM OS COLEGAS E O PROFESSOR.

CAPÍTULO 7

SISTEMAS DE NUMERAÇÃO

Ilustrações: Ilustra Cartoon/Arquivo da editora

A DEZENA

VEJA COMO ALINE ARRUMOU ESTES 10 CUBINHOS:

NO MATERIAL DOURADO, ESSES 10 CUBINHOS APARECEM ASSIM:

NESTE JOGO, QUEM CONSEGUIU FORMAR MAIS BARRAS?

- ALINE FORMOU:

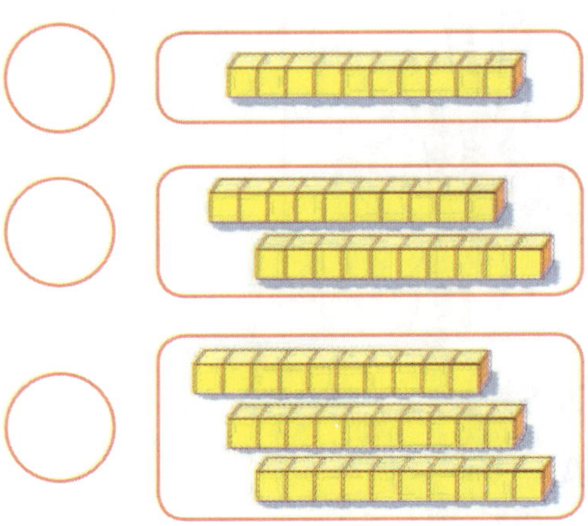

- LEO FORMOU:

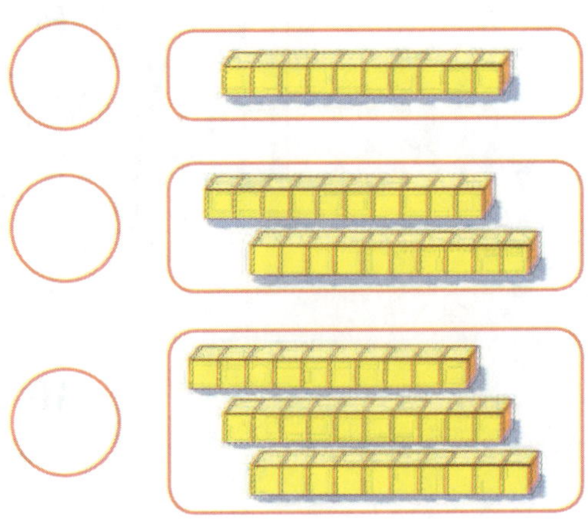

Ilustrações: Ilustra Cartoon/Arquivo da editora

UM GRUPO DE 10 UNIDADES É CHAMADO DE **DEZENA**, E CADA ELEMENTO É CHAMADO DE **UNIDADE**. VEJA:

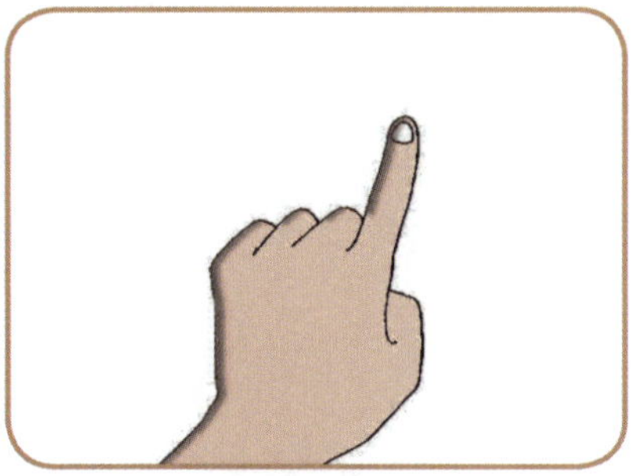

1 UNIDADE

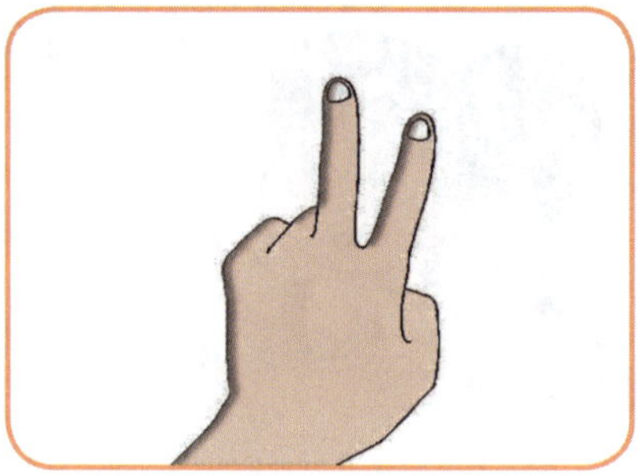

2 UNIDADES

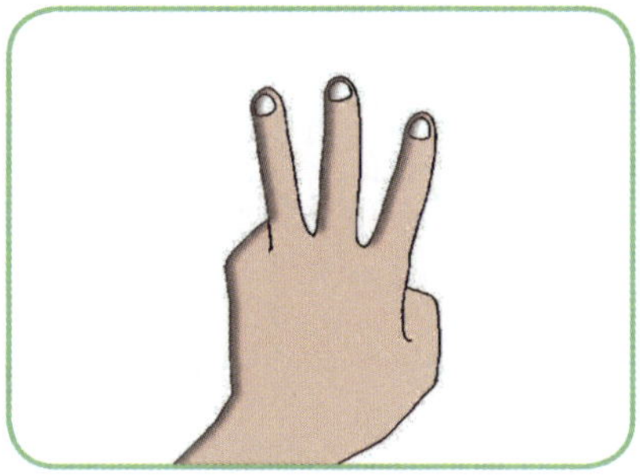

3 UNIDADES

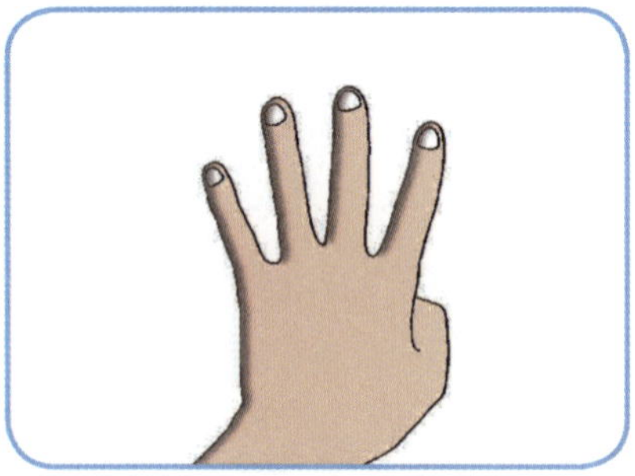

4 UNIDADES

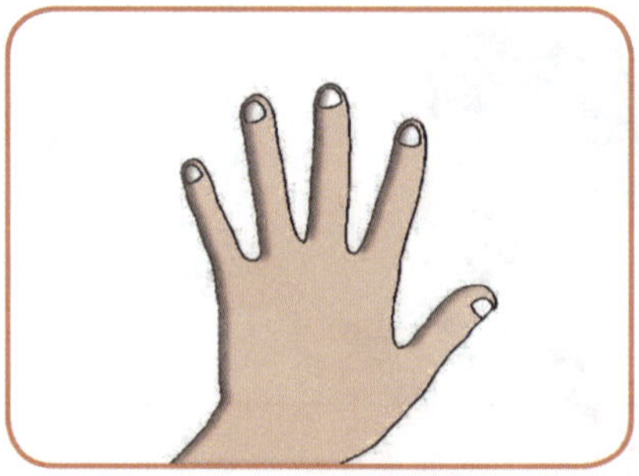

5 UNIDADES

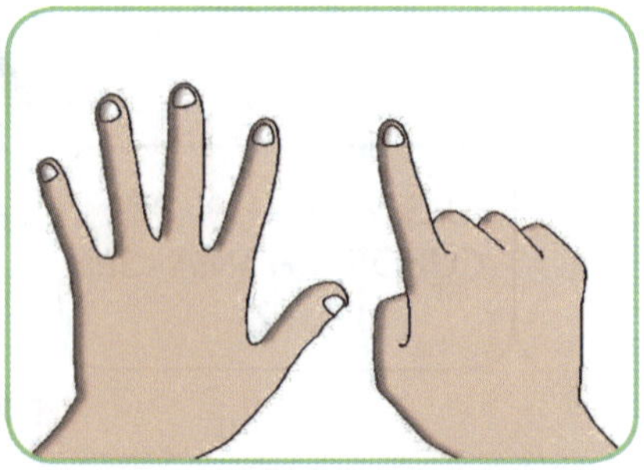

6 UNIDADES

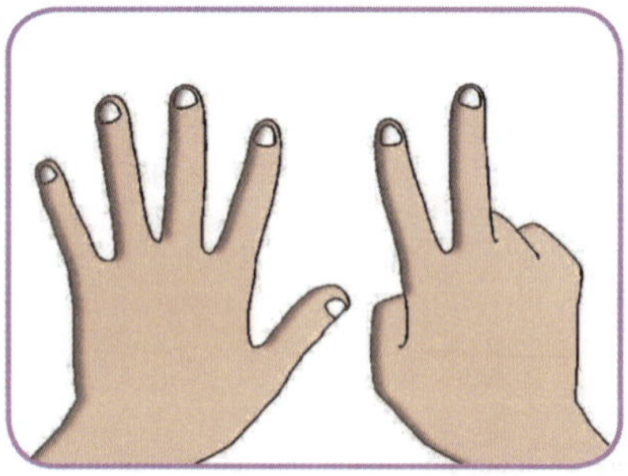

7 UNIDADES

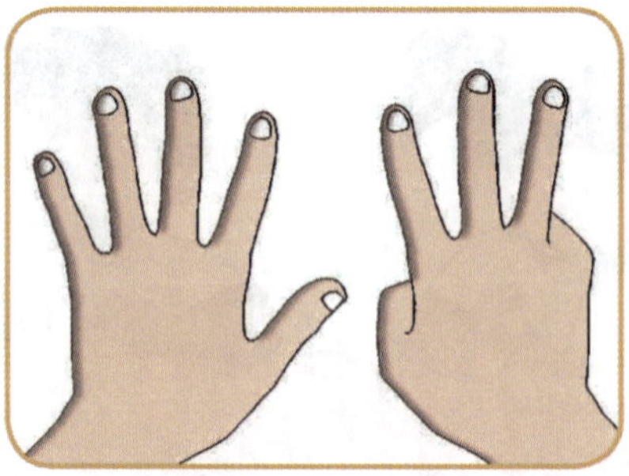

8 UNIDADES

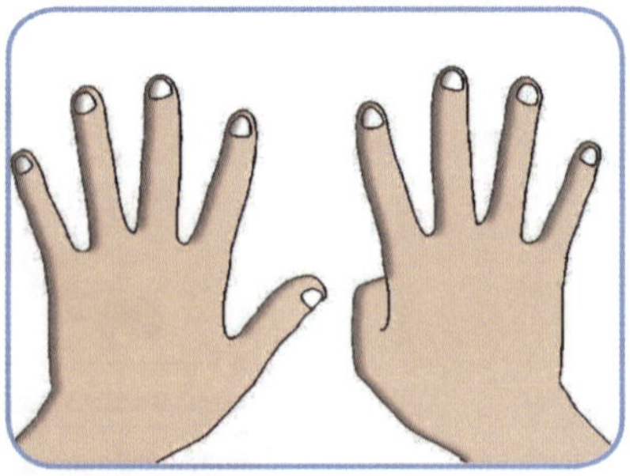

9 UNIDADES

Ilustrações: Avalone/Arquivo da editora

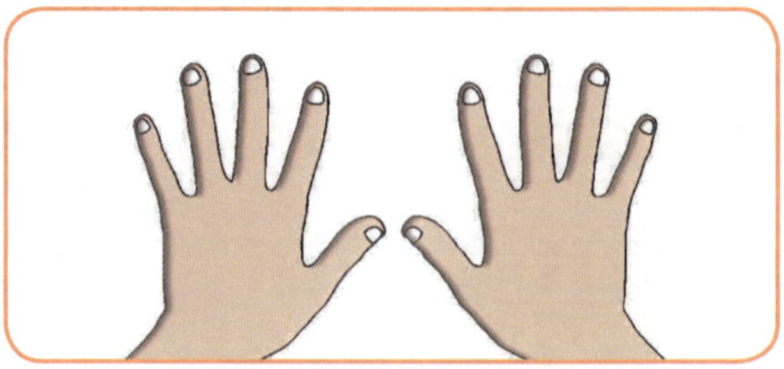

10 UNIDADES
1 DEZENA

ATIVIDADES

1 LEIA O TEXTO SOBRE A DONA BARATINHA.

AO VARRER A CASA, DONA BARATINHA ENCONTROU UMA MOEDA. GUARDOU O DINHEIRO DENTRO DE UMA CAIXINHA, SE ARRUMOU TODA E FOI PARA A JANELA PROCURAR UM NOIVO. TODA VEZ QUE PASSAVA UM BICHO, ELA PERGUNTAVA:

- VOCÊ CONHECE ESSA HISTÓRIA? SABE COMO É A CONTINUAÇÃO DELA? O QUE ACONTECE COM A DONA BARATINHA?

2 DESENHE, EM CADA QUADRO, AS MOEDAS QUE FALTAM PARA DONA BARATINHA COMPLETAR UMA DEZENA DE MOEDAS.

Ilustrações: Avalone/Arquivo da editora

3 DESENHE NA CAIXA A QUANTIDADE NECESSÁRIA DE LÁPIS PARA COMPLETAR UMA DEZENA.

Ilustrações: Ilustra Cartoon/Arquivo da editora

4 VEJA AS DUAS SÉRIES DE IMAGENS ABAIXO. CADA UMA DELAS TEM UM ELEMENTO EM COMUM. DESCUBRA O QUE É E DESENHE O QUE ESTÁ FALTANDO.

- AGORA, RESPONDA:

QUANTOS GATINHOS FICARAM NO TOTAL?

QUANTOS BONÉS FICARAM NO TOTAL?

5 VEJA A QUANTIDADE DE CARRINHOS QUE TADEU COMPROU:

Ilustrações: Avalone/Arquivo da editora

A) QUANTOS CARRINHOS TADEU COMPROU?

B) 1 CARRINHO CORRESPONDE A ☐ UNIDADE.

C) 10 CARRINHOS CORRESPONDEM A ☐ DEZENA.

6 NO ESPAÇO ABAIXO, DESENHE UMA PEDRINHA PARA CADA DEZENA DE OVELHAS.

A) QUANTAS PEDRINHAS VOCÊ DESENHOU?

B) CIRCULE O GRUPO DE OVELHAS QUE VOCÊ REPRESENTOU COM A PEDRINHA.

C) QUANTAS OVELHAS FICARAM FORA DO CÍRCULO?

O NÚMERO DEZ

PARA ESCREVER O NÚMERO **10**, USAMOS O **1** E O **0**, CADA UM DELES EM UMA POSIÇÃO. CADA POSIÇÃO RECEBE O NOME DE **ORDEM**.

10

VEJA COMO OS ALUNOS REPRESENTARAM AS QUANTIDADES DE  NO QUADRO DE ORDENS.

DEZENAS	UNIDADES
	6

DEZENAS	UNIDADES
1	0

- AGORA REPRESENTE A QUANTIDADE DE OBJETOS NO QUADRO DE ORDENS.

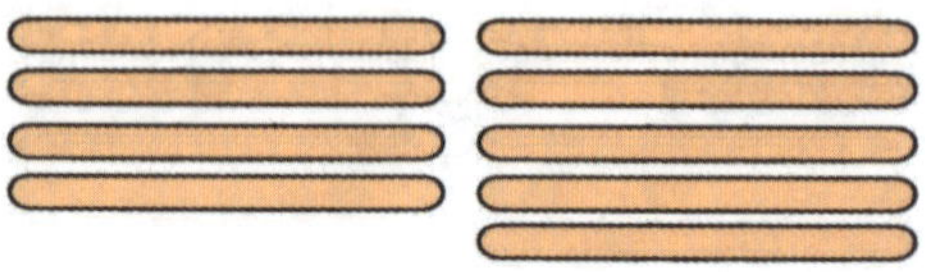

DEZENAS	UNIDADES

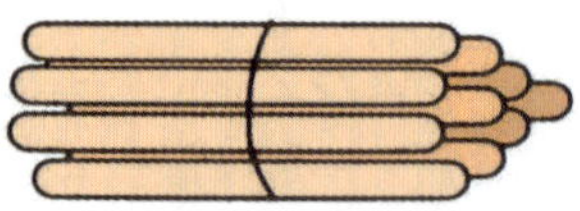

DEZENAS	UNIDADES

DEZENAS	UNIDADES

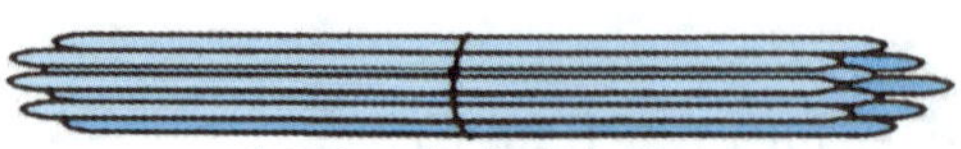

Ilustrações: Avalone/Arquivo da editora

DEZENAS	UNIDADES

ATIVIDADES

1 OBSERVE A QUANTIDADE DE QUADRADOS E PINTE APENAS 10.

- OS QUADRADOS QUE VOCÊ PINTOU FORMAM .... UNIDADES, QUE FORMAM 1 DEZENA.

- AGORA, CONTINUE ESCREVENDO.

10

dez

2 PINTE A ARCA EM QUE APARECEM 10 ANIMAIS (UMA DEZENA DE ANIMAIS).

Ilustra Cartoon/Arquivo da editora

3 LIGUE AS MOEDAS DO QUADRO 1 A UMA CÉDULA DE IGUAL VALOR DO QUADRO 2.

1

2

Moedas e notas: reprodução Casa da Moeda do Brasil/Ministério da Fazenda

- COMPLETE: .... MOEDAS DE 1 REAL EQUIVALEM A 1 CÉDULA DE .... REAIS.

4 A ESCOLA ESTÁ REALIZANDO UMA CAMPANHA DO LIVRO. QUEM LEVAR 10 LATINHAS VAZIAS GANHA UM LIVRO. QUANTOS LIVROS LUÍS E RITA VÃO GANHAR? COMPLETE.

LUÍS TEM .... LATINHAS.

ELE VAI GANHAR .... LIVROS.

RITA TEM .... LATINHAS.

ELA VAI GANHAR .... LIVRO.

Ilustrações: Ilustra Cartoon/Arquivo da editora

NÚMEROS DE 11 A 19

RICARDO COLECIONA LÁPIS. ELE SEPARA SUA COLEÇÃO POR CORES, ARRUMANDO OS LÁPIS EM CAIXINHAS COM 10.

VEJA A COLEÇÃO DE RICARDO:

D	U
1	1

1 DEZENA + 1 UNIDADE = 11 ONZE

D	U
1	2

1 DEZENA + 2 UNIDADES = 12 DOZE

D	U
1	3

1 DEZENA + 3 UNIDADES = 13 TREZE

D	U
1	4

1 DEZENA + 4 UNIDADES = 14 CATORZE

Ilustrações: Avalone/ Arquivo da editora

D	U
1	5

1 DEZENA + 5 UNIDADES = 15 QUINZE

D	U
1	6

1 DEZENA + 6 UNIDADES = 16 DEZESSEIS

D	U
1	7

1 DEZENA + 7 UNIDADES = 17 DEZESSETE

D	U
1	8

1 DEZENA + 8 UNIDADES = 18 DEZOITO

D	U
1	9

1 DEZENA + 9 UNIDADES = 19 DEZENOVE

Ilustrações: Avalone/
Arquivo da editora

ATIVIDADES

1 PINTE COMO NOS EXEMPLOS E DEPOIS COMPLETE O TOTAL.

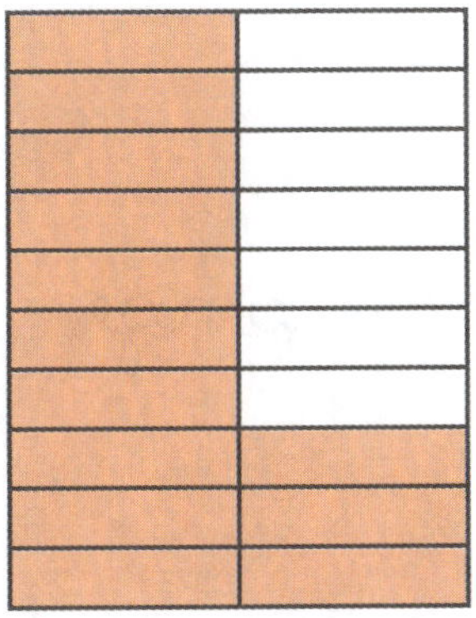

10 + 3 = 13

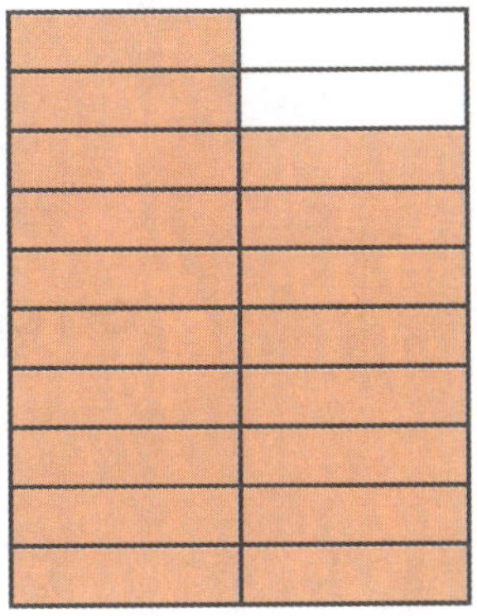

10 + 8 = 18

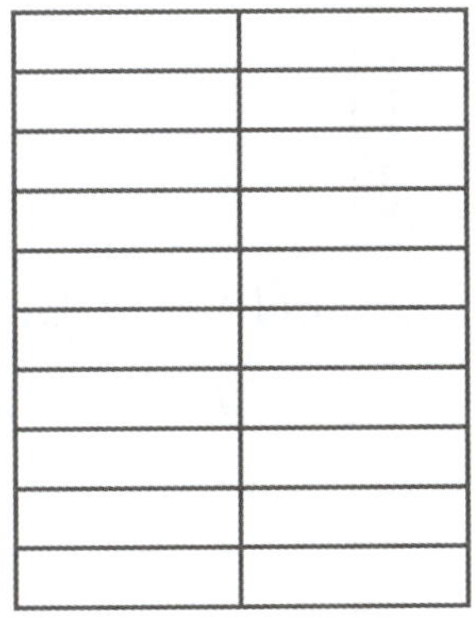

10 + 1 = ...

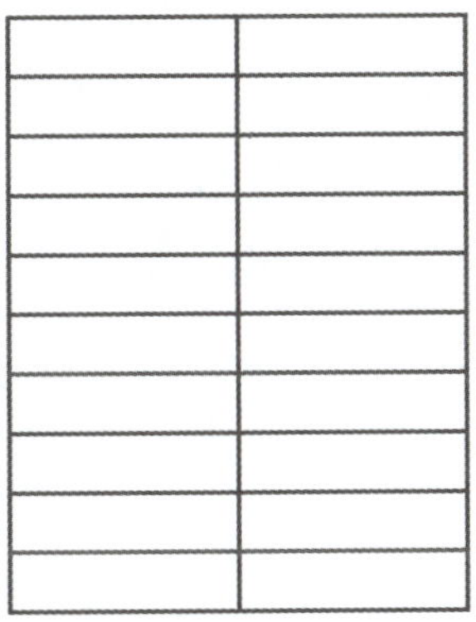

10 + 9 = ...

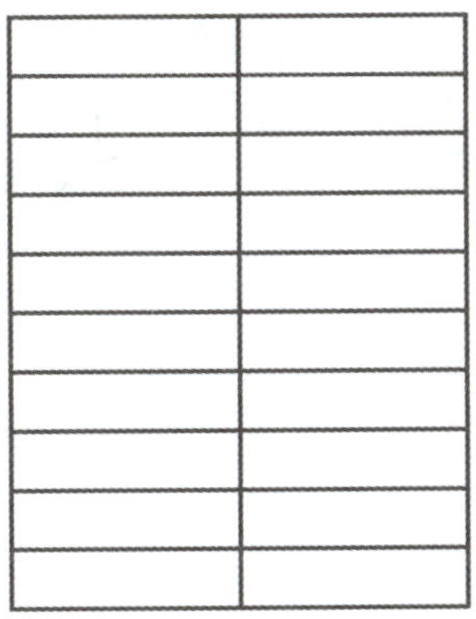

10 + 2 = ...

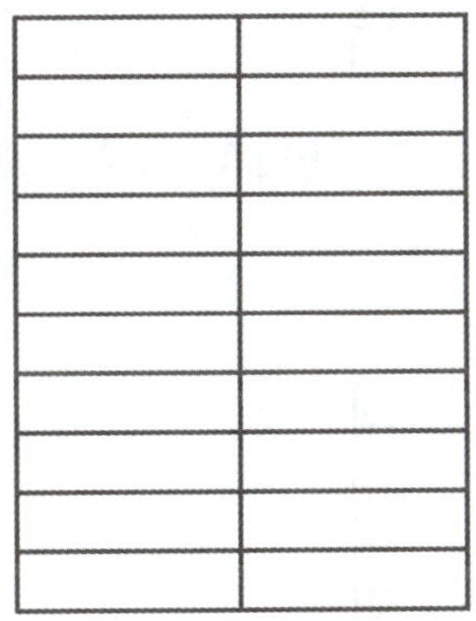

10 + 5 = ...

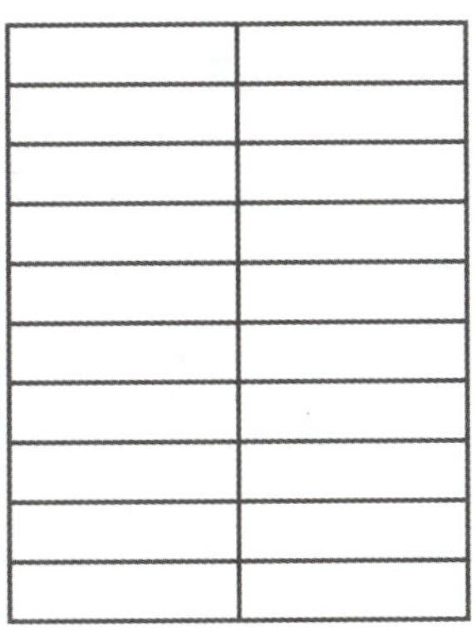

10 + 7 = ...

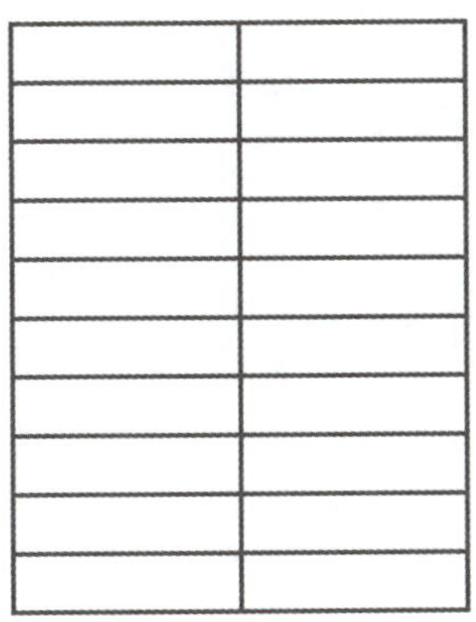

10 + 6 = ...

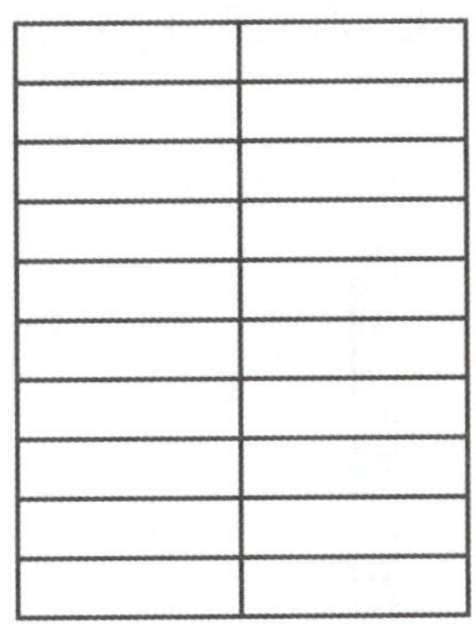

10 + 4 = ...

2 CONTINUE A PREENCHER.

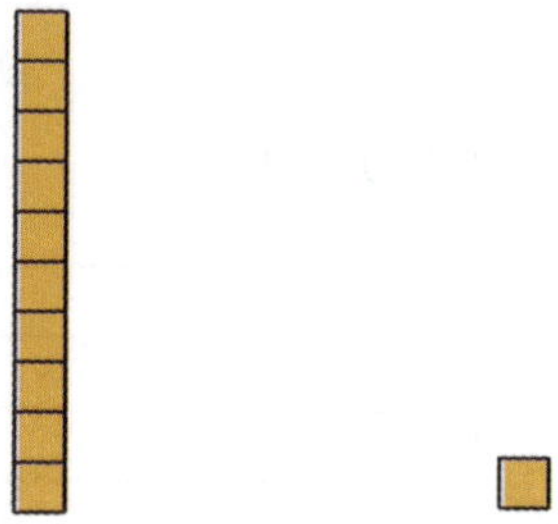

1 DEZENA + 1 UNIDADE = ☐ *onze* ....*onze*........

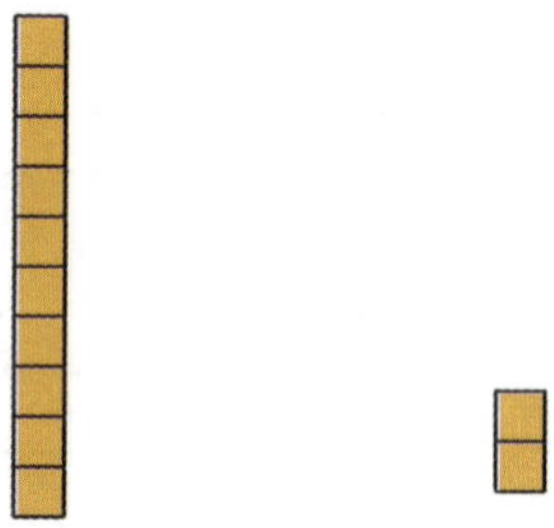

1 DEZENA + 2 UNIDADES = ☐ *doze* ....

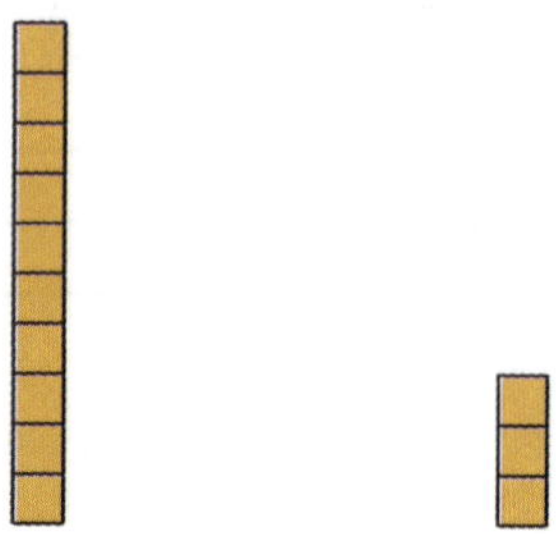

1 DEZENA + 3 UNIDADES = ☐ *treze* ....

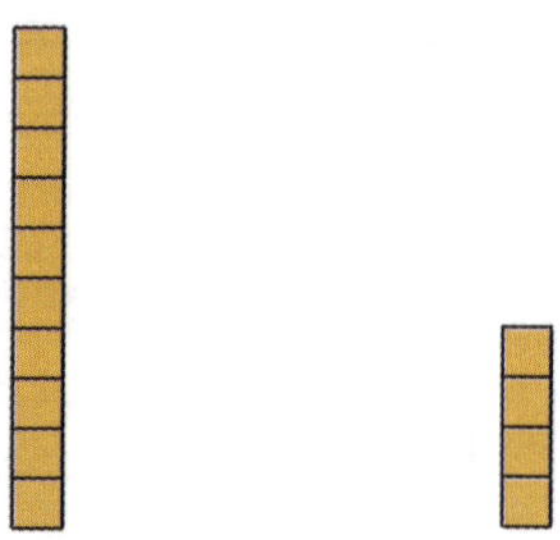

1 DEZENA + 4 UNIDADES = ☐ *catorze* ....

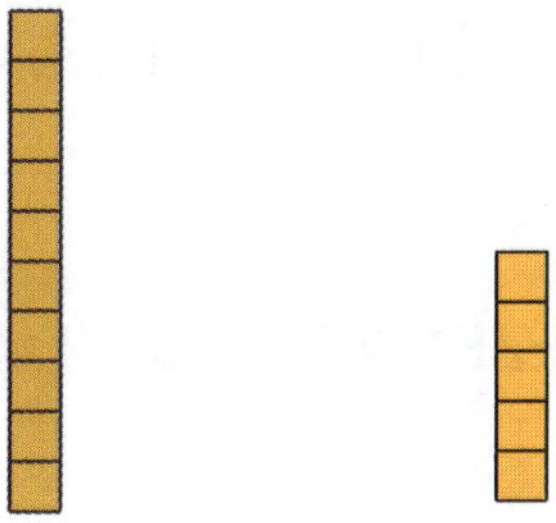

1 DEZENA + 5 UNIDADES = ☐ quinze ____________

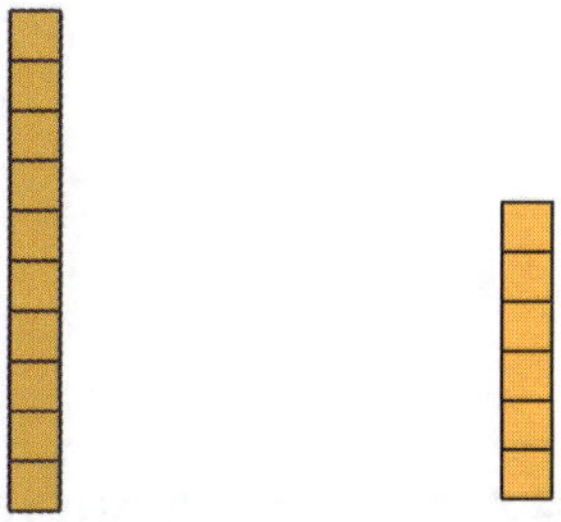

1 DEZENA + 6 UNIDADES = ☐ dezesseis ____________

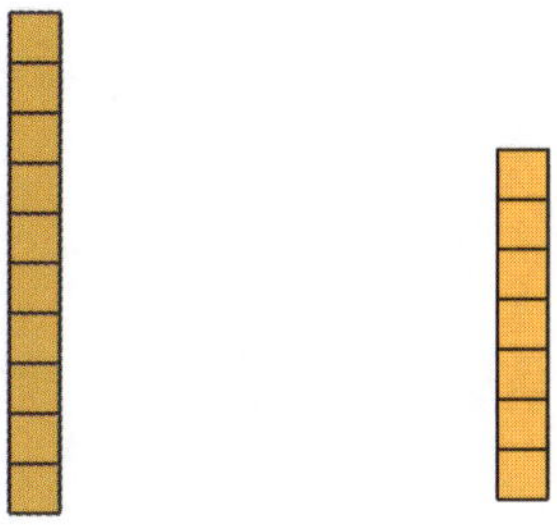

1 DEZENA + 7 UNIDADES = ☐ dezessete ____________

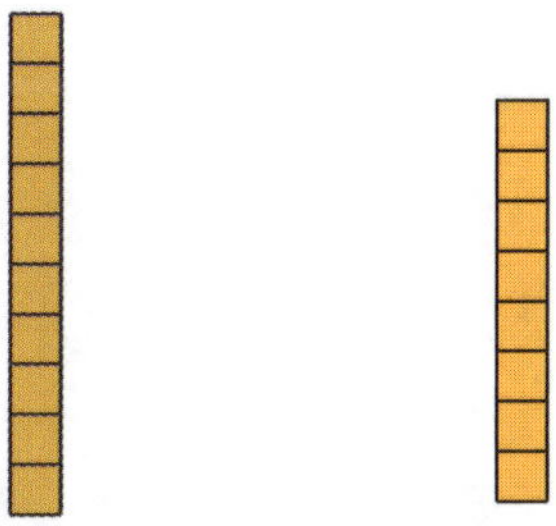

1 DEZENA + 8 UNIDADES = ☐ dezoito ____________

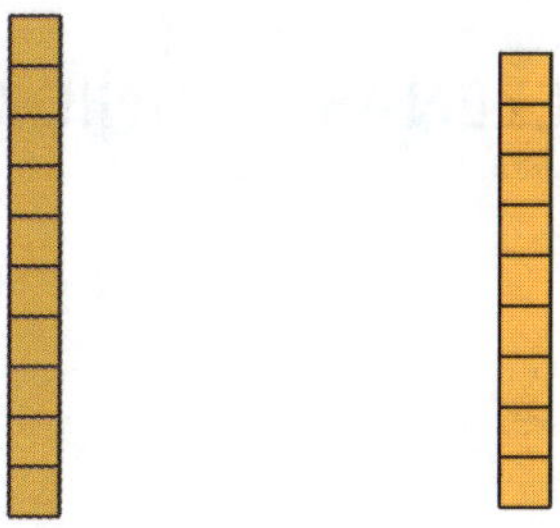

1 DEZENA + 9 UNIDADES = ☐ dezenove ____________

3 CIRCULE AS DEZENAS E COMPLETE O QUADRO. DEPOIS, ESCREVA O NÚMERO.

DEZENAS	UNIDADES

DEZENAS	UNIDADES

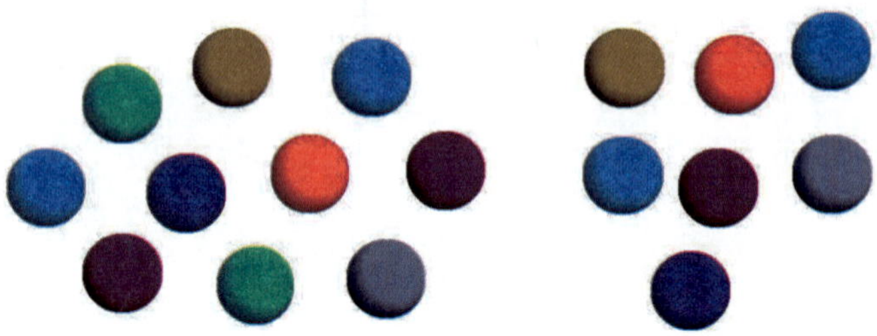

DEZENAS	UNIDADES

Ilustrações: Avalone/Arquivo da editora

DEZENAS	UNIDADES

4 NA ESCOLA DE FELIPE ESTÁ ACONTECENDO UM CAMPEONATO DE ARCO E FLECHA. OBSERVE OS RESULTADOS E COMPLETE AS OPERAÇÕES. NÃO SE ESQUEÇA DE CONSULTAR A TABELA DE PONTOS.

10 PONTOS	8 PONTOS	5 PONTOS	3 PONTOS

FELIPE

...... + ... = ...

JÉSSICA

...... + ... = ...

Ilustrações: Ilustra Cartoon/Arquivo da editora

LUCAS

...... + ... = ...

- AGORA, COMPLETE AS FRASES:

O VENCEDOR DO CAMPEONATO FOI ....

.... FEZ ...... PONTOS.

.... FICOU EM SEGUNDO LUGAR.

.... FEZ ...... PONTOS.

.... FICOU EM ÚLTIMO LUGAR, COM ...... PONTOS.

MATEMÁTICA E DIVERSÃO

JOGANDO TRILHA

1ª RODADA

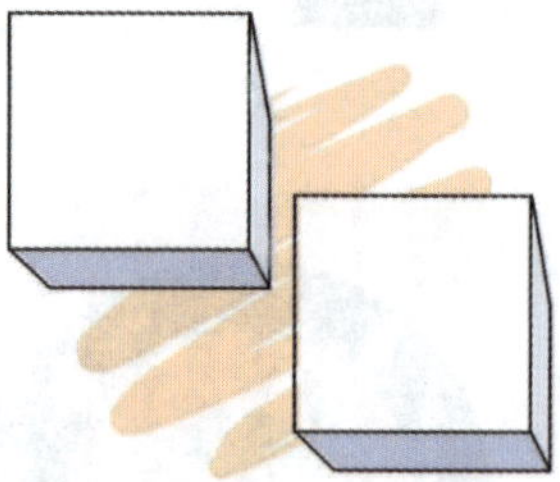

2ª RODADA

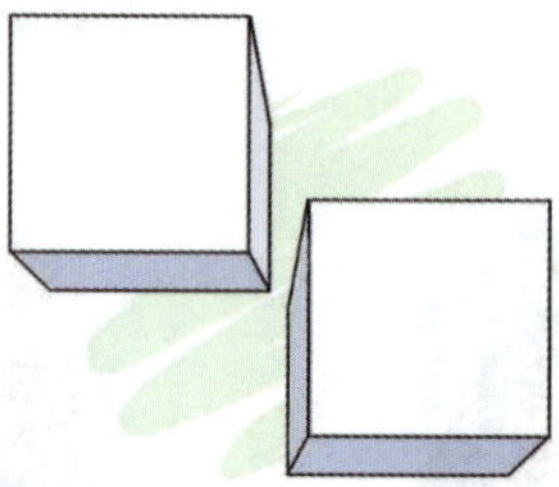

3ª RODADA

JOGUE TRILHA COM SEU COLEGA DO LADO. CADA UM DE VOCÊS DEVERÁ MARCAR OS PONTOS DESENHANDO NOS DADOS EM CADA RODADA. DEPOIS, CADA UM PINTARÁ A CASA DO JOGO EM QUE ESTÁ.

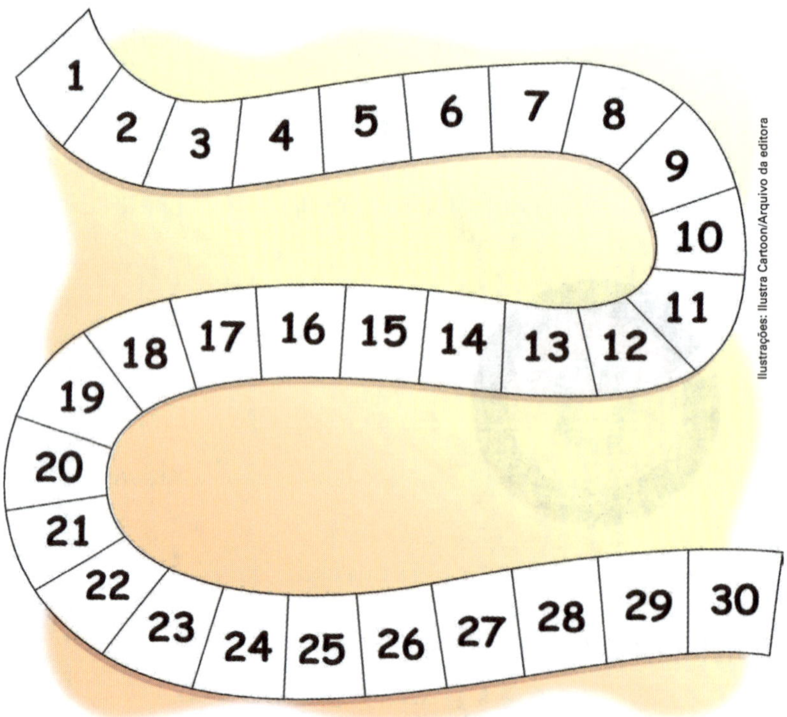

Ilustrações: Ilustra Cartoon/Arquivo da editora

A) QUEM ESTÁ NA FRENTE?

B) QUANTOS PONTOS FALTAM PARA VOCÊ GANHAR O JOGO? E O SEU AMIGO?

C) NA SUA OPINIÃO QUEM SERÁ O PROVÁVEL VENCEDOR?

CONTINUEM O JOGO PARA SABER QUEM VENCERÁ.

CONTANDO ATÉ 30

O PAI DE MICHELE TEM UMA ESTANTE DE LIVROS. PARA AJUDÁ-LO A ORGANIZAR ESSES LIVROS NAS PRATELEIRAS, ELA OS AGRUPOU DE DEZ EM DEZ.

NA ESTANTE HÁ .... LIVROS.

DEZENAS	UNIDADES
2	0

2 DEZENAS DE LIVROS = 20 OU VINTE UNIDADES

VAMOS ACOMPANHAR AGORA COMO A COLEÇÃO DE LIVROS DO PAI DE MICHELE VAI AUMENTANDO.

Ilustrações: Ilustra Cartoon/Arquivo da editora

2 DEZENAS + 1 UNIDADE = ...
OU VINTE E UM

2 DEZENAS + 2 UNIDADES = ...
OU VINTE E DOIS

2 DEZENAS + 3 UNIDADES = ...
OU VINTE E TRÊS

2 DEZENAS + 4 UNIDADES = ...
OU VINTE E QUATRO

2 DEZENAS + 5 UNIDADES = ...
OU VINTE E CINCO

2 DEZENAS + 6 UNIDADES = ...
OU VINTE E SEIS

2 DEZENAS + 7 UNIDADES = ...
OU VINTE E SETE

2 DEZENAS + 8 UNIDADES = ...
OU VINTE E OITO

2 DEZENAS + 9 UNIDADES = ...
OU VINTE E NOVE

3 DEZENAS = ...
OU TRINTA

Ilustrações: Ilustra Cartoon/Arquivo da editora

ATIVIDADES

1 PINTE DE AMARELO O MENOR NÚMERO DA CARTELA. CIRCULE O MAIOR.

FAÇA UM **X** NO NÚMERO QUE TEM 2 DEZENAS E 6 UNIDADES.

1	2	3	4	5	6	7	8	9	10
11	12	13	14	15	16	17	18	19	20
21	22	23	24	25	26	27	28	29	30

2 EM CADA QUADRO, FORME GRUPOS DE DEZ E REGISTRE AS QUANTIDADES.

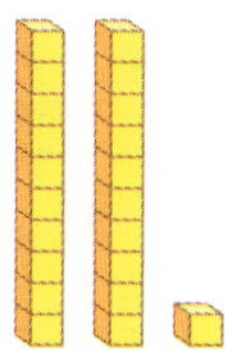

GRUPOS DE DEZ

D	U

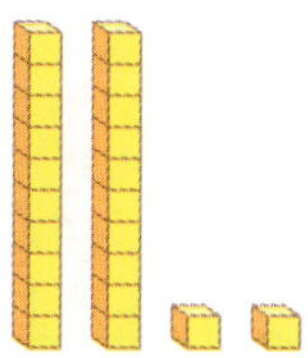

GRUPOS DE DEZ

D	U

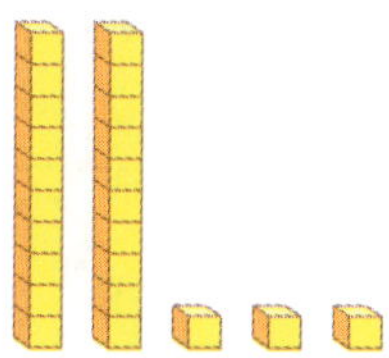

GRUPOS DE DEZ

D	U

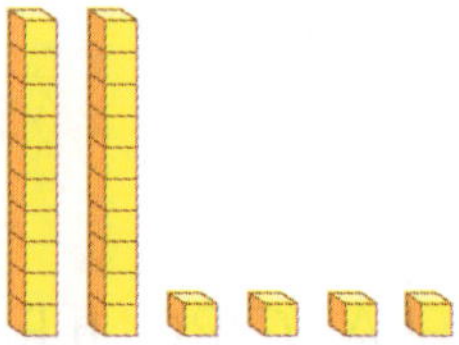

GRUPOS DE DEZ	
D	U

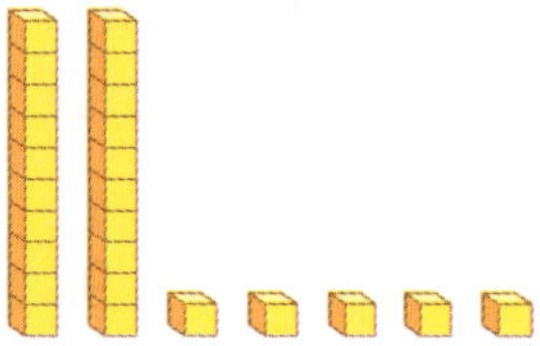

GRUPOS DE DEZ	
D	U

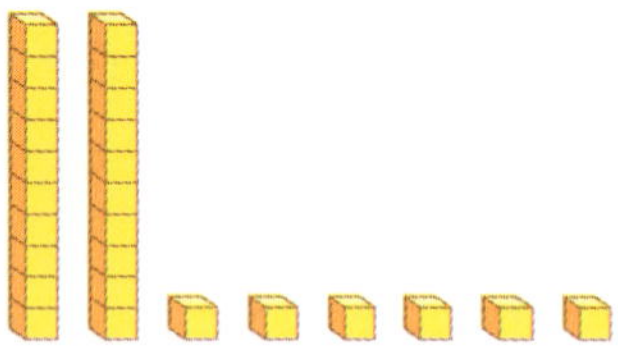

GRUPOS DE DEZ	
D	U

GRUPOS DE DEZ	
D	U

GRUPOS DE DEZ	
D	U

GRUPOS DE DEZ	
D	U

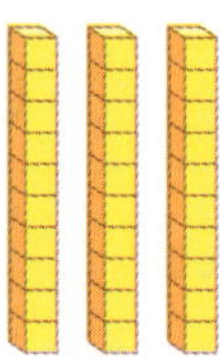

GRUPOS DE DEZ	
D	U

NUMERAÇÃO ORDINAL

AS CRIANÇAS PARTICIPARAM DA CORRIDA NA GINCANA DA ESCOLA.

Ilustrações: Ilustra Cartoon/Arquivo da editora

PARA INDICAR ORDEM, POSIÇÃO OU LUGAR, USAMOS OS **NUMERAIS ORDINAIS**.

ATIVIDADES

1 NA GRANDE CORRIDA DA ESCOLA, LENA CHEGOU EM TERCEIRO LUGAR. PINTE DE AMARELO A CAMISETA DE LENA NA PÁGINA ANTERIOR.

2 AGORA, PINTE DE AZUL A CAMISETA DO DÉCIMO COLOCADO E DE VERDE A DO PRIMEIRO COLOCADO.

3 LEIA PARTE DESTA HISTÓRIA.

OS TRÊS PORQUINHOS

AS TRIGÊMEAS APARECERAM EM UM CAMPO VERDINHO. ESCUTARAM PASSOS SE APROXIMANDO E SE ESCONDERAM ATRÁS DE UMA ÁRVORE...

— VEJAM, SÃO OS TRÊS PORQUINHOS!

— PARECE QUE VÃO CONSTRUIR ALGUMA COISA — DISSE HELENA.

OS TRÊS PORQUINHOS, DE ROSER CAPDEVILA E MERCÈ COMPANY. SÃO PAULO: SCIPIONE, 2004. (CONTOS FANTÁSTICOS DAS TRIGÊMEAS).

- VEJA AS ILUSTRAÇÕES ABAIXO. EM QUE ORDEM AS CENAS SÃO CITADAS EM **OS TRÊS PORQUINHOS**?

Ilustrações: Ilustra Cartoon/Arquivo da editora

CONTANDO ATÉ 50

SÃO QUANTOS GRUPOS DE 10 PEIXINHOS?

Ilustrações: Ilustra Cartoon/Arquivo da editora

QUANTOS PEIXINHOS SÃO?

DEZENAS	UNIDADES
3	0

TRINTA

E AGORA, SÃO QUANTOS GRUPOS DE 10 PEIXINHOS? COMPLETE.

10 + 10 + 10 + 10 = ...

10 + 10 + 10 + 10 + 10 = ...

ATIVIDADES

1 AGRUPE OS BALÕES DE DEZ EM DEZ. DEPOIS REGISTRE A QUANTIDADE NO QUADRO DE ORDENS.

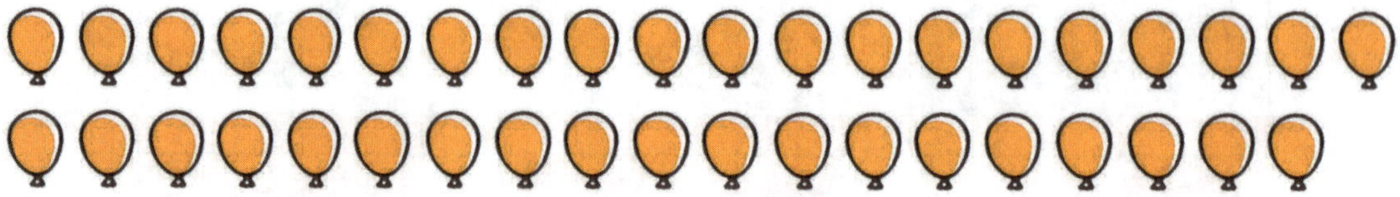

Ilustrações: Avalone/ Arquivo da editora

DEZENAS	UNIDADES

= ☐ = TRINTA E NOVE

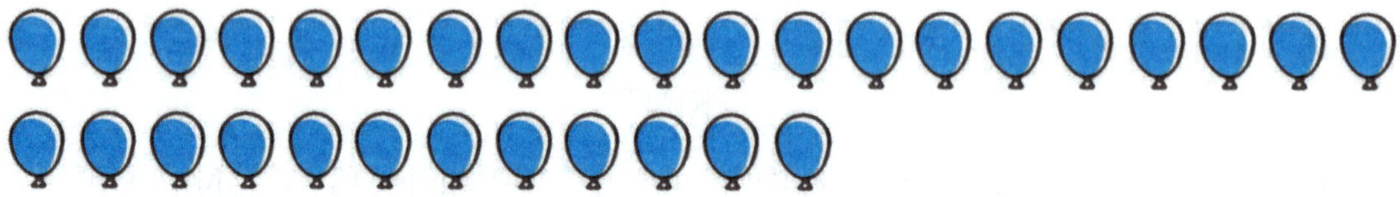

DEZENAS	UNIDADES

= ☐ = TRINTA E DOIS

DEZENAS	UNIDADES

= ☐ = TRINTA E CINCO

DEZENAS	UNIDADES

= ☐ = TRINTA E SETE

2 FRANCISCO TEM 36 FIGURINHAS. CLÁUDIA TEM 40 FIGURINHAS.

FRANCISCO

CLÁUDIA

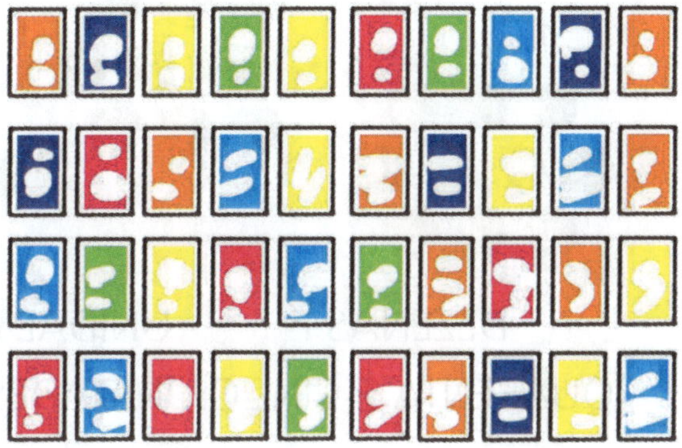

QUEM TEM MAIS FIGURINHAS? MARQUE COM UM **X**.

( ) FRANCISCO

( ) CLÁUDIA

3 VEJA O QUE FRANCISCO E CLÁUDIA DESCOBRIRAM E ESCREVERAM. DEPOIS COMPLETE O QUADRO DE ORDENS.

FRANCISCO

36 = 30 + 6

TRINTA E SEIS

D	U

CLÁUDIA

40 = 40 + 0

QUARENTA

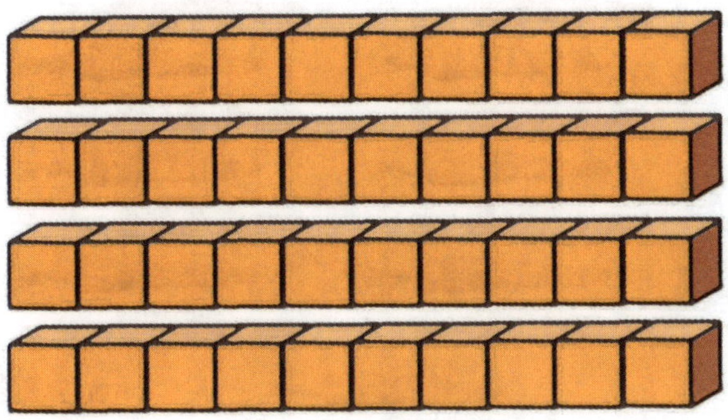

D	U

Ilustrações: Avalone/Arquivo da editora

4 VAMOS CONTAR AS DEZENAS E AS UNIDADES?

COMPLETE COM A QUANTIDADE DE DEZENAS E DE UNIDADES QUE VOCÊ VÊ EM CADA IMAGEM.

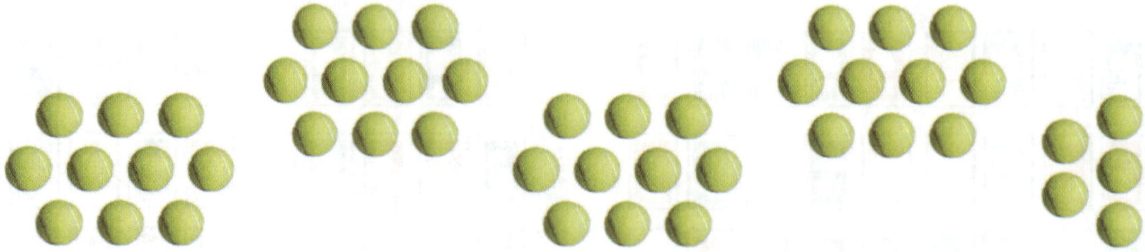

Angelo Pastorello/Arquivo da editora

.... DEZENAS E .... UNIDADES
QUARENTA E CINCO UNIDADES

☐ AO TODO

Julian Weber/Shutterstock

.... DEZENAS E .... UNIDADES
QUARENTA E OITO UNIDADES

☐ AO TODO

Shebeko/Shutterstock

.... DEZENAS E .... UNIDADES
QUARENTA E SEIS UNIDADES

☐ AO TODO

Pres Panayotov/Shutterstock

.... DEZENAS E .... UNIDADE

QUARENTA E UMA UNIDADES

☐ AO TODO

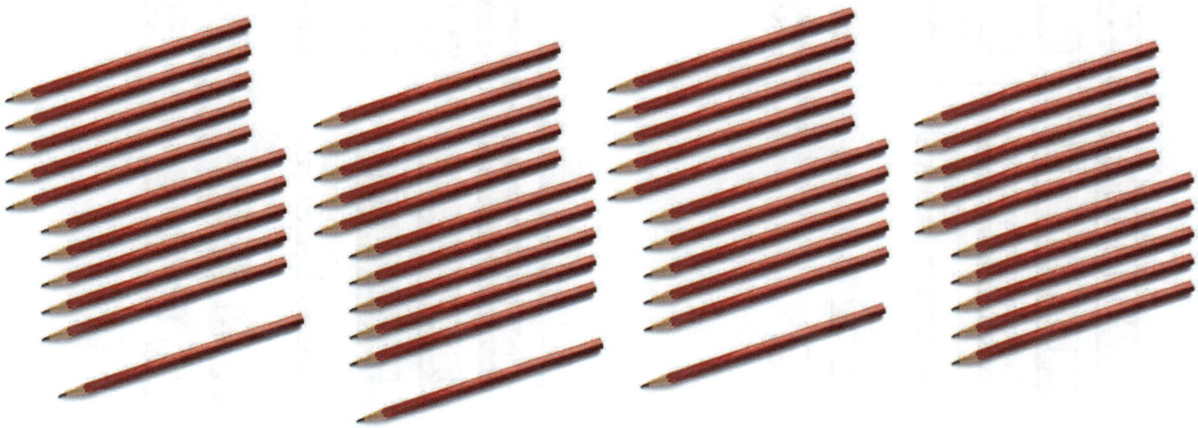

Garsya/Shutterstock

.... DEZENAS E .... UNIDADES

QUARENTA E TRÊS UNIDADES

☐ AO TODO

Emin Kuliyev/Shutterstock

.... DEZENAS E .... UNIDADES

QUARENTA E NOVE UNIDADES

☐ AO TODO

5 COMPLETE COM O NÚMERO QUE AS IMAGENS REPRESENTAM.

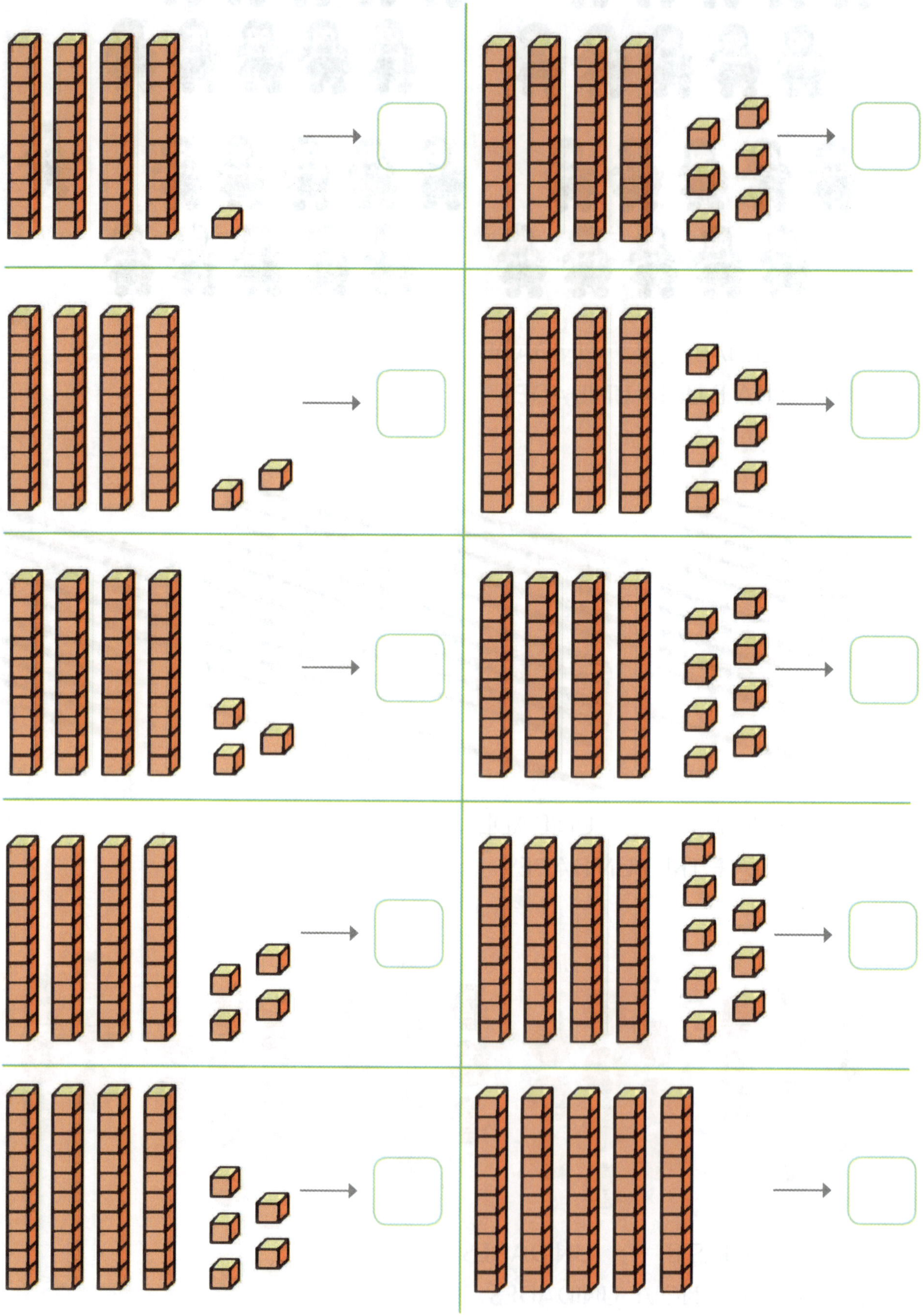

Ilustrações: Avalone/Arquivo da editora

6 CIRCULE AS MAÇÃS E FORME GRUPOS DE 10.

PhotoDisc

- AGORA, RESPONDA ÀS PERGUNTAS E FAÇA O QUE SE PEDE.

A) QUANTOS GRUPOS VOCÊ FORMOU? ☐

B) QUANTAS MAÇÃS HÁ NO TOTAL? ☐

C) QUANTAS DEZENAS HÁ EM CADA GRUPO? ☐

D) QUANTAS UNIDADES HÁ EM CADA GRUPO? ☐

E) QUANTAS DEZENAS HÁ NO TOTAL? ☐

F) COMPLETE:

10 + 10 + 10 + 10 + 10 = ...

DEZENAS	UNIDADES

CONTANDO ATÉ 99

OBSERVE COMO CADA CRIANÇA ARRUMOU O MATERIAL DOURADO.

6 GRUPOS DE 10

60
SESSENTA

→

DEZENAS	UNIDADES
6	0

Ilustrações: Ilustra Cartoon/Arquivo da editora

7 GRUPOS DE 10

70
SETENTA

→

DEZENAS	UNIDADES
7	0

8 GRUPOS DE 10

80 OITENTA	→	DEZENAS	UNIDADES
		8	0

Ilustrações: Ilustra Cartoon/ Arquivo da editora

9 GRUPOS DE 10

90 NOVENTA	→	DEZENAS	UNIDADES
		9	0

ATIVIDADES

1 QUE NÚMERO O MATERIAL DOURADO REPRESENTA?

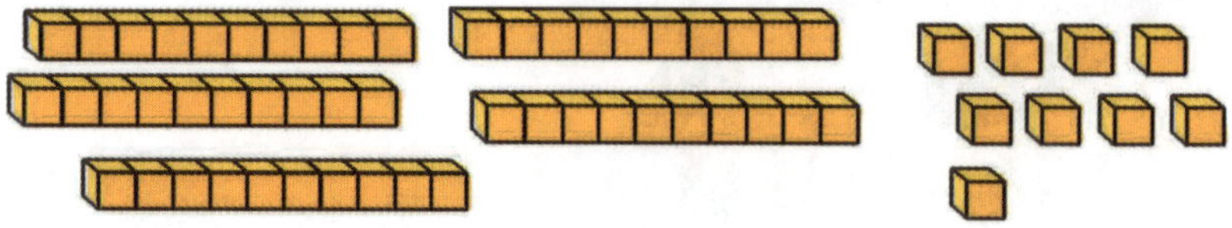

2 ASSINALE O NÚMERO REPRESENTADO.

- ( ) 26
- ( ) 6
- ( ) 62

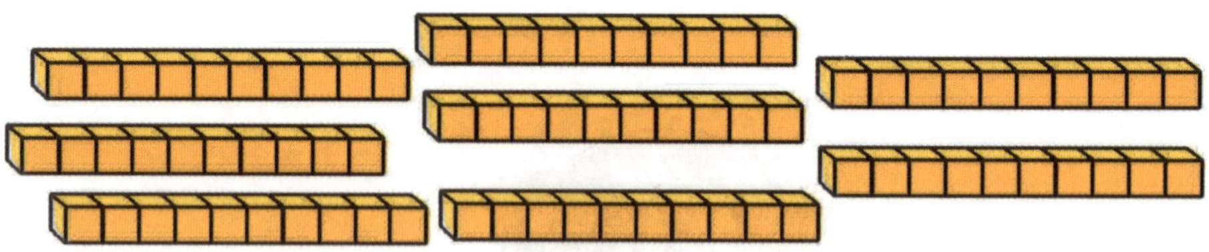

- ( ) 80
- ( ) 8
- ( ) 18

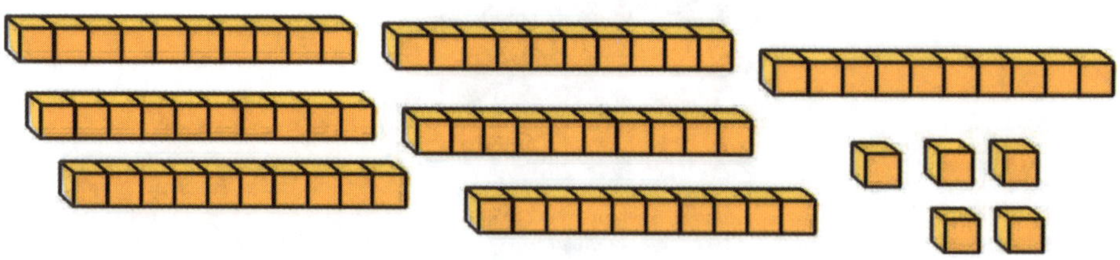

- ( ) 57
- ( ) 12
- ( ) 75

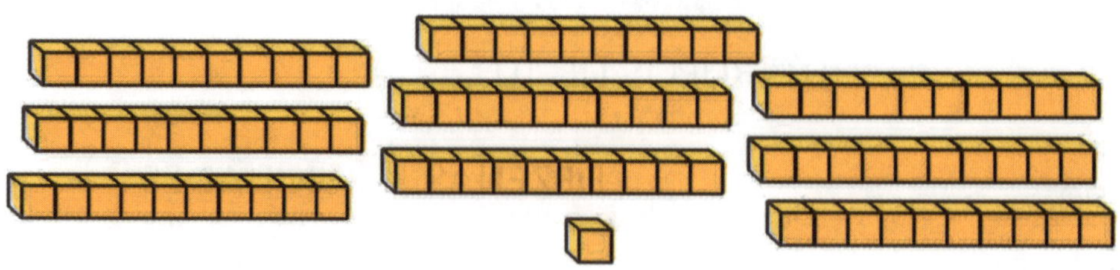

- ( ) 19
- ( ) 91
- ( ) 10

3 VEJA AS CASAS ABAIXO.

Ilustrações: Avalone/Arquivo da editora

A) EM CADA UMA DESSAS CASAS, O NÚMERO DEVE TER UMA UNIDADE A MAIS QUE A CASA ANTERIOR. PREENCHA OS NÚMEROS QUE FALTAM.

B) AGORA ESCREVA TODOS OS NÚMEROS DAS CASAS EM ORDEM DECRESCENTE (DO MAIOR ATÉ CHEGAR AO MENOR).

....

....

....

4 COMPLETE A TABELA DOS NÚMEROS.

MAIS	1	2	3	4	5	6	7	8	9
50			53						
60									69
70	71								
80								88	
90					95				

SAIBA MAIS

A CENTENA

O AGRUPAMENTO DE 100 UNIDADES CHAMA-SE **CENTENA**.
OBSERVE:

UNIDADE

DEZENA

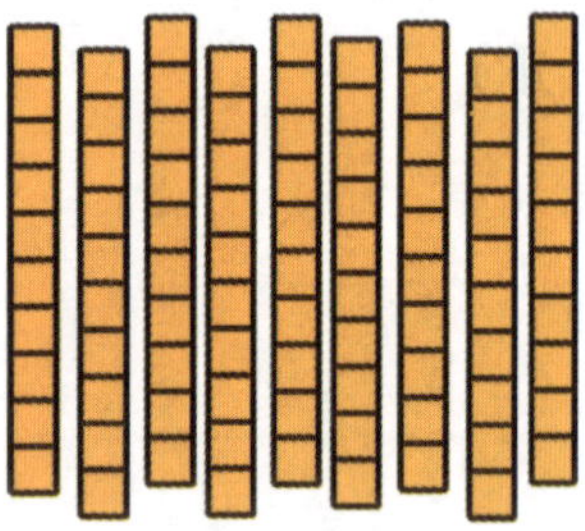 +  = 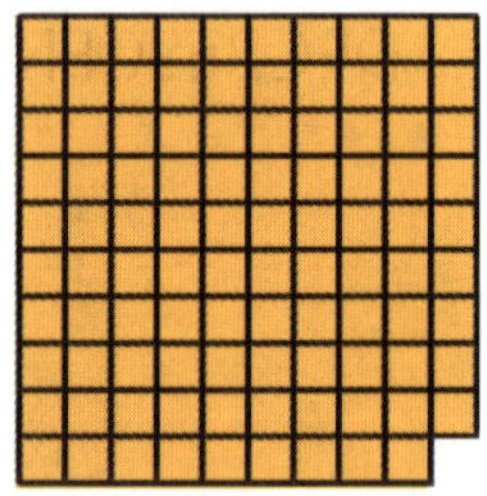

9 DEZENAS + 9 UNIDADES = 99 UNIDADES

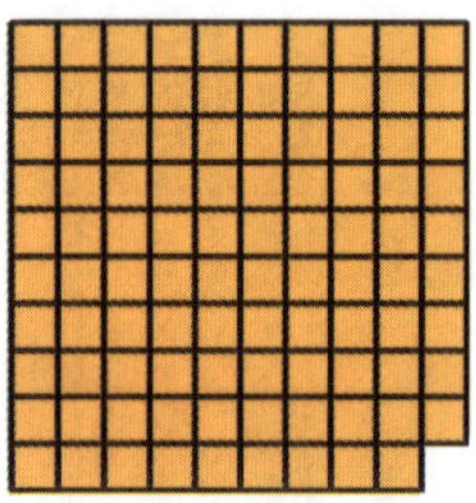 +  = 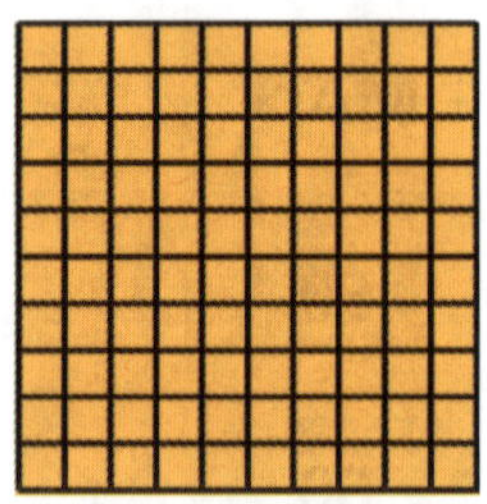

99 UNIDADES + 1 UNIDADE = 100 UNIDADES

10 DEZENAS

1 CENTENA

ATIVIDADES

1 CIRCULE GRUPOS DE 10.

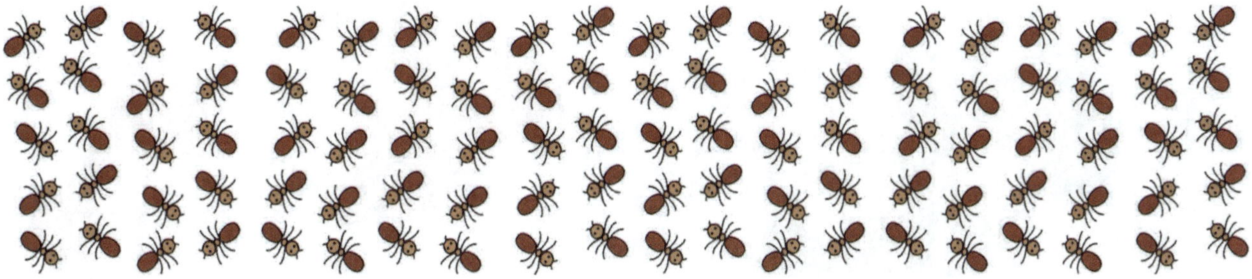

Ilustrações: Avalone/Arquivo da editora

- AGORA, RESPONDA:

  A) QUANTOS GRUPOS VOCÊ FORMOU?

  B) QUANTAS UNIDADES HÁ EM CADA GRUPO?

  C) QUANTAS UNIDADES HÁ NO TOTAL?

2 COMPLETE A CARTELA COM OS NÚMEROS QUE FALTAM.

1	2		4			7	8	9	
11	12			15	16	17		19	20
		23	24		26	27	28		
31	32	33	34	35	36	37	38	39	40
	42		44	45	46		48	49	50
51			54	55	56	57		59	
61	62	63			66	67		69	70
71			74	75		77	78		80
81	82	83		85			88	89	90
	92	93	94		96	97		99	

NÚMEROS PARES E NÚMEROS ÍMPARES

DAVI AGRUPOU SUAS MEIAS DE 2 EM 2. VEJA O QUE ELE DESCOBRIU:

2 É PAR

3 É ÍMPAR

JUNTANDO DE 2 EM 2 FORMAMOS UM PAR.

CIRCULE DE 2 EM 2 FORMANDO OS PARES COM OS CALÇADOS.

Ilustrações: Ilustra Cartoon/
Arquivo da editora

QUANTOS CALÇADOS HÁ NO TOTAL? ☐

ESSE NÚMERO É PAR OU ÍMPAR? ....

QUANTOS CALÇADOS HÁ NO TOTAL? ☐

ESSE NÚMERO É PAR OU ÍMPAR? ....

ATIVIDADES

1 CONTE AS FIGURAS DE 2 EM 2. DEPOIS PINTE OS QUADRINHOS INDICANDO SE ELAS ESTÃO EM NÚMERO PAR OU ÍMPAR.

PAR

ÍMPAR

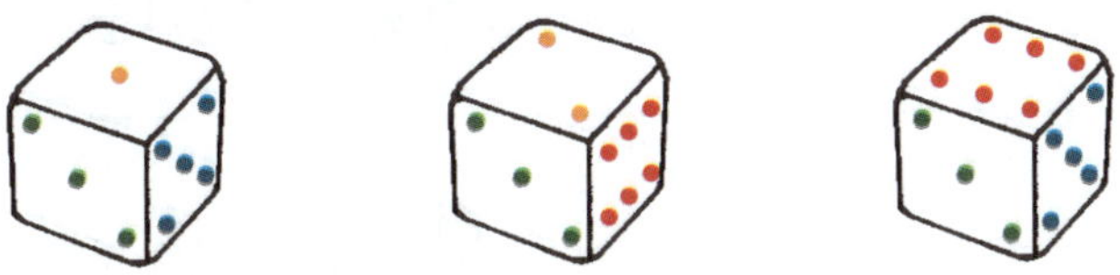

PAR

ÍMPAR

PAR

ÍMPAR

PAR

ÍMPAR

PAR

ÍMPAR

Ilustrações: Avalone/Arquivo da editora

2 ESCREVA A QUANTIDADE DE PARES FORMADOS. DEPOIS COMPARE AS QUANTIDADES USANDO OS SINAIS >, < OU =.

Ilustrações: Avalone/Arquivo da editora

3 ATENÇÃO, OS BOMBEIROS VÃO ENTRAR EM AÇÃO. ELES VÃO CALÇAR AS BOTAS.

- AS BOTAS ACIMA SÃO SUFICIENTES PARA CALÇAR QUANTOS BOMBEIROS? [ ]

4 MANUELA E JOAQUIM ESTÃO DECIDINDO NO PAR OU ÍMPAR QUEM VAI COMEÇAR O JOGO.

Ilustrações: Ilustra Cartoon/Arquivo da editora

A) QUEM ESCOLHEU PAR? QUANTOS DEDOS A CRIANÇA MOSTROU?

....

B) QUEM ESCOLHEU ÍMPAR? QUANTOS DEDOS A CRIANÇA MOSTROU?

....

C) O TOTAL DE DEDOS É 5, NÚMERO ÍMPAR. QUEM VAI COMEÇAR O JOGO?

....

IDEIAS EM AÇÃO

BINGO DE NÚMEROS DE 0 A 99

MATERIAL NECESSÁRIO

- TESOURA SEM PONTAS
- COLA
- FOLHA DO **CADERNO DE IDEIAS EM AÇÃO**

NO **CADERNO DE IDEIAS EM AÇÃO** VOCÊ VAI ENCONTRAR OS NÚMEROS DE 0 A 99. RECORTE CADA UM DELES. EM SEGUIDA, ESCOLHA 9 NÚMEROS E COLOQUE-OS SOBRE A CARTELA.

Ilustrações: Ilustra Cartoon/Arquivo da editora

O PROFESSOR VAI SORTEAR NÚMEROS. SE O NÚMERO SORTEADO ESTIVER NA SUA CARTELA, RETIRE-O.

O ALUNO QUE ESVAZIAR SUA CARTELA PRIMEIRO, GANHA O JOGO.

B	I	N	G	O

Ilustrações: Ilustra Cartoon/Arquivo da editora

UNIDADE 3

GEOMETRIA E OPERAÇÕES BÁSICAS

VAMOS CONVERSAR?

- O QUE AS CRIANÇAS ESTÃO FAZENDO?
- VOCÊ JÁ BRINCOU DE FAZER CONSTRUÇÕES NA AREIA?

O QUE VOU ESTUDAR?

- FIGURAS GEOMÉTRICAS
- SÓLIDOS GEOMÉTRICOS
- OPERAÇÕES COM NÚMEROS NATURAIS
- O REAL, NOSSO DINHEIRO

Ilustrações: Ilustra Cartoon/Arquivo da editora

CAPÍTULO 8

FIGURAS GEOMÉTRICAS

OED

Fotos: Laureni Fochetto/Arquivo da editora

O TANGRAM É UM DIVERTIDO QUEBRA-CABEÇA. AS PEÇAS DO TANGRAM SÃO FIGURAS GEOMÉTRICAS E COM ELAS PODEMOS FORMAR MUITOS DESENHOS.

VEJA AS FIGURAS DE ANIMAIS QUE LUCIANA FEZ USANDO O TANGRAM. VOCÊ RECONHECE QUE BICHOS SÃO ESSES?

ATIVIDADES

1 VOCÊ JÁ REPAROU COMO AS PLACAS DE TRÂNSITO LEMBRAM AS FORMAS GEOMÉTRICAS? LIGUE-AS COM UM TRAÇO.

Ilustrações: Ilustra Cartoon/ Arquivo da editora

2 AS ILUSTRAÇÕES A SEGUIR FORAM FEITAS COM FIGURAS GEOMÉTRICAS. OBSERVE-AS:

Ilustrações: Avalone/Arquivo da editora

- AGORA COMPLETE O QUADRO COM A QUANTIDADE DE FIGURAS GEOMÉTRICAS UTILIZADAS EM CADA ILUSTRAÇÃO.

	CÍRCULO	TRIÂNGULO	RETÂNGULO	QUADRADO
PEIXE				
COELHO				
HOMEM				
BARCO				

MATEMÁTICA E DIVERSÃO

BRINCANDO COM O CORPO

VEJA COMO AS CRIANÇAS CONSTROEM FIGURAS GEOMÉTRICAS COM O CORPO.

Ilustrações: Ilustra Cartoon/Arquivo da editora

JUNTE-SE A DOIS COLEGAS E VEJAM QUE FIGURAS VOCÊS CONSEGUEM FORMAR.

CAPÍTULO 9

SÓLIDOS GEOMÉTRICOS

PEDRO E SEUS COLEGAS ESTÃO CONSTRUINDO UM CASTELO COM BLOCOS COLORIDOS. COMO SERÁ QUE VAI FICAR DEPOIS DE PRONTO?

PINTE A ILUSTRAÇÃO ABAIXO, ESCOLHENDO UMA COR PARA CADA TIPO DE FORMA.

Ilustrações: Ilustra Cartoon/Arquivo da editora

ATIVIDADES

1 PINTE DA MESMA COR OS OBJETOS QUE TÊM A MESMA FORMA.

Ilustrações: Avalone/Arquivo da editora

2 ESCREVA EMBAIXO DE CADA FIGURA O NÚMERO QUE INDICA SUA FORMA. OBSERVE A LEGENDA.

	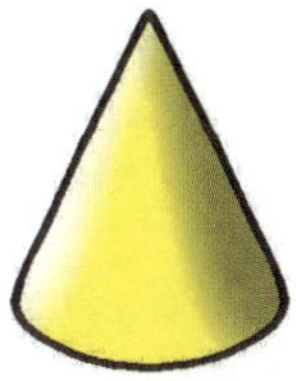			
CUBO	CONE	ESFERA	PARALELEPÍPEDO	CILINDRO
1	2	3	4	5

Ilustrações: Avalone/Arquivo da editora

	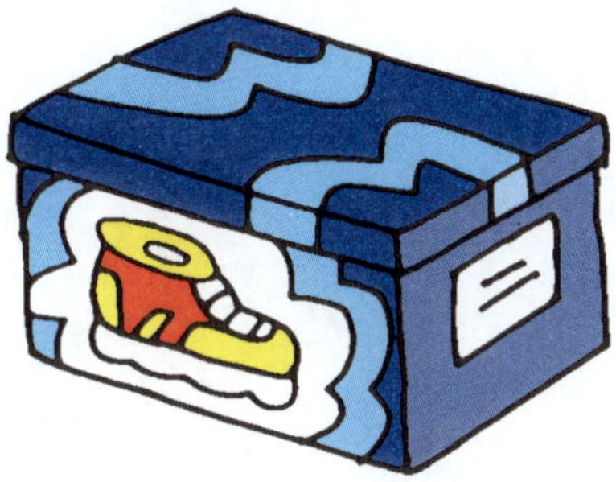	
☐	☐	☐

☐	☐	☐

3 LIGUE CADA TAMPA À SUA CAIXA.

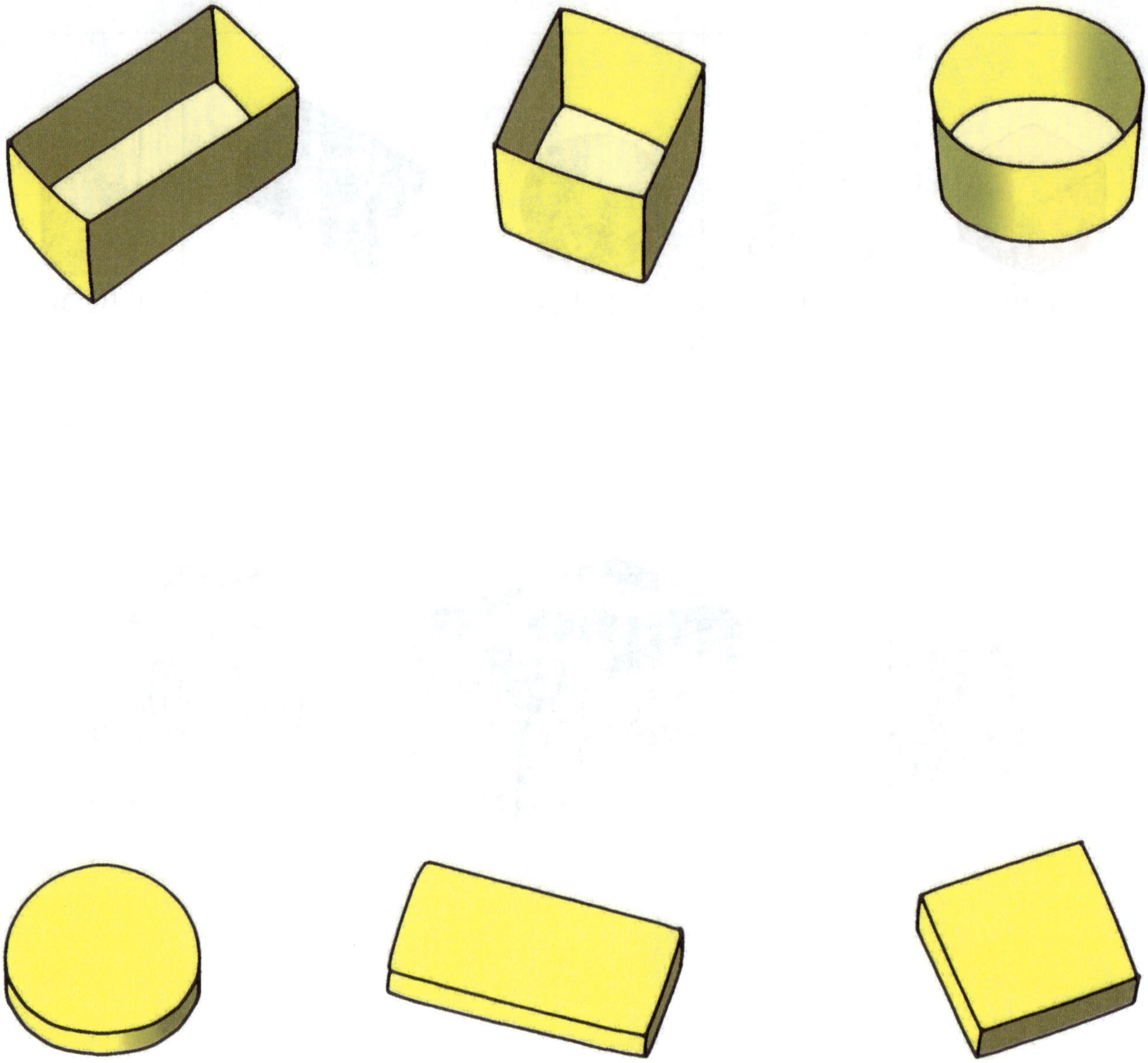

Ilustrações: Avalone/Arquivo da editora

4 VEJA OS OBJETOS A SEGUIR. CIRCULE O SÓLIDO QUE NÃO PODE ROLAR.

- AGORA COMPLETE:

O OBJETO QUE NÃO PODE ROLAR É O ...., PORQUE ELE NÃO TEM FACE ARREDONDADA.

CAPÍTULO 10

OPERAÇÕES COM NÚMEROS NATURAIS

ADIÇÃO ATÉ 9

CAROL E ROBERTO BRINCAM DE SOMAR COM AS MÃOS. PARA REPRESENTAR O QUE ELES ESTÃO FAZENDO, JANETE ESCREVE UMA **ADIÇÃO**. OBSERVE:

Ilustrações: Ilustra Cartoon/Arquivo da editora

TRÊS MAIS DOIS É IGUAL A CINCO
$3 + 2 = 5$

CONTINUE O QUE JANETE ESTAVA FAZENDO. COMPLETE:

[ ] + [ ] = [ ]

[ ] + [ ] = [ ]

[ ] + [ ] = [ ]

ATIVIDADES

1 QUANTAS FLORES HÁ AO TODO?

$$\begin{array}{r} 1 \\ +\ 2 \\ \hline \ldots \end{array}$$

1 + 2 = ...

$$\begin{array}{r} 3 \\ +\ 2 \\ \hline \ldots \end{array}$$

3 + 2 = ...

Ilustrações: Avalone/Arquivo da editora

$$\begin{array}{r} 5 \\ +\ \\ \hline \ldots \end{array}$$

5 + 4 = ...

2 ROBERTO E CAROL BRINCAM COM DOIS DADOS. VEJA O QUE ACONTECEU E COMPLETE AS FRASES.

A) CAROL JOGOU OS DADOS.

AO TODO, ELA FEZ .... PONTOS.

B) DEPOIS FOI A VEZ DE ROBERTO.

AO TODO, ELE FEZ .... PONTOS.

AGORA RESPONDA:

QUAL DOS DOIS FEZ MAIS PONTOS?

....

3 OBSERVE OS DADOS E COMPLETE O QUADRO. VEJA O EXEMPLO.

	REPRESENTAÇÃO	PONTOS
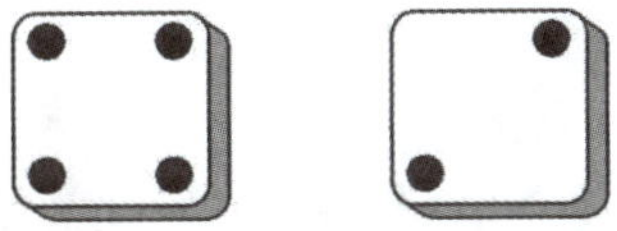	4 + 2 = 6	6
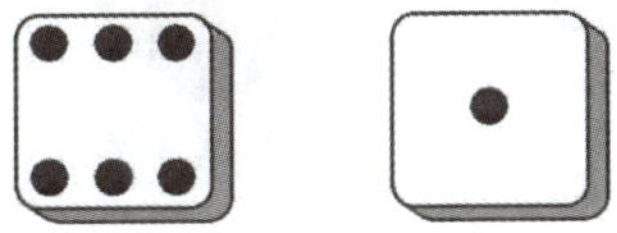	...... + ... = ...	......
	...... + ... = ...	......
	...... + ... = ...	......

4 QUANTOS PONTOS FORAM MARCADOS? VEJA COMO ANDREIA ANOTOU:

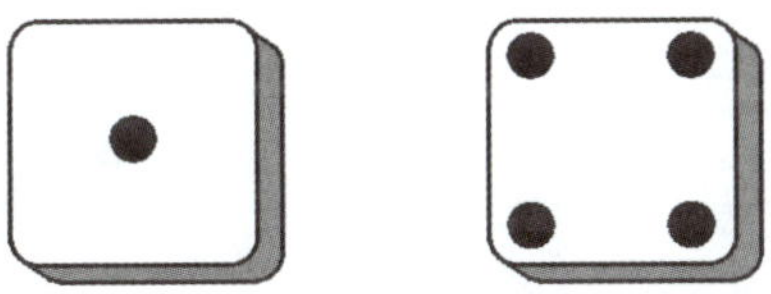

$$\begin{array}{r} 1 \\ +\ 4 \\ \hline 5 \end{array}$$

1 + 4 = 5

- AGORA COMPLETE:

$$\begin{array}{r} 3 \\ +\ 5 \\ \hline \ldots\ldots \end{array}$$

3 + 5 = ...

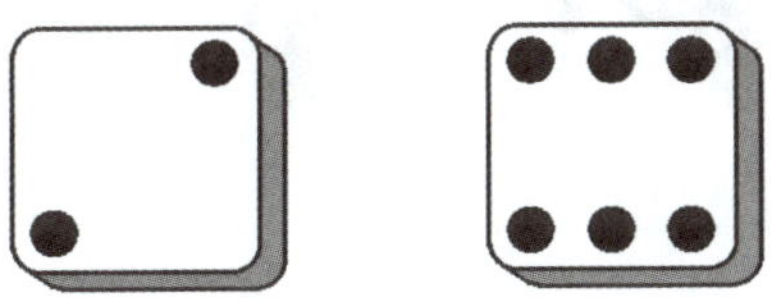

$$\begin{array}{r} 2 \\ +\ 6 \\ \hline \ldots\ldots \end{array}$$

2 + 6 = ...

5 INVENTE AS HISTÓRIAS. DEPOIS, ESCREVA OS NÚMEROS.

QUANTOS?	QUANTOS CHEGARAM?	QUANTOS AO TODO?

☐	☐	☐

Ilustrações: Ilustra Cartoon/Arquivo da editora

QUANTOS?	QUANTOS CHEGARAM?	QUANTOS AO TODO?

☐	☐	☐

QUANTOS?	QUANTOS CHEGARAM?	QUANTOS AO TODO?

☐	☐	☐

ADIÇÃO COM TOTAL ATÉ 19

JÚLIO, ALICE E PEDRO ESTAVAM JOGANDO BOLICHE NO QUINTAL. AS PEÇAS DO JOGO ERAM FEITAS DE GARRAFINHAS DE PLÁSTICO PINTADAS COM CORES DIFERENTES.

Ilustrações: Ilustra Cartoon/Arquivo da editora

NA PRIMEIRA RODADA, VEJA O QUE ACONTECEU:

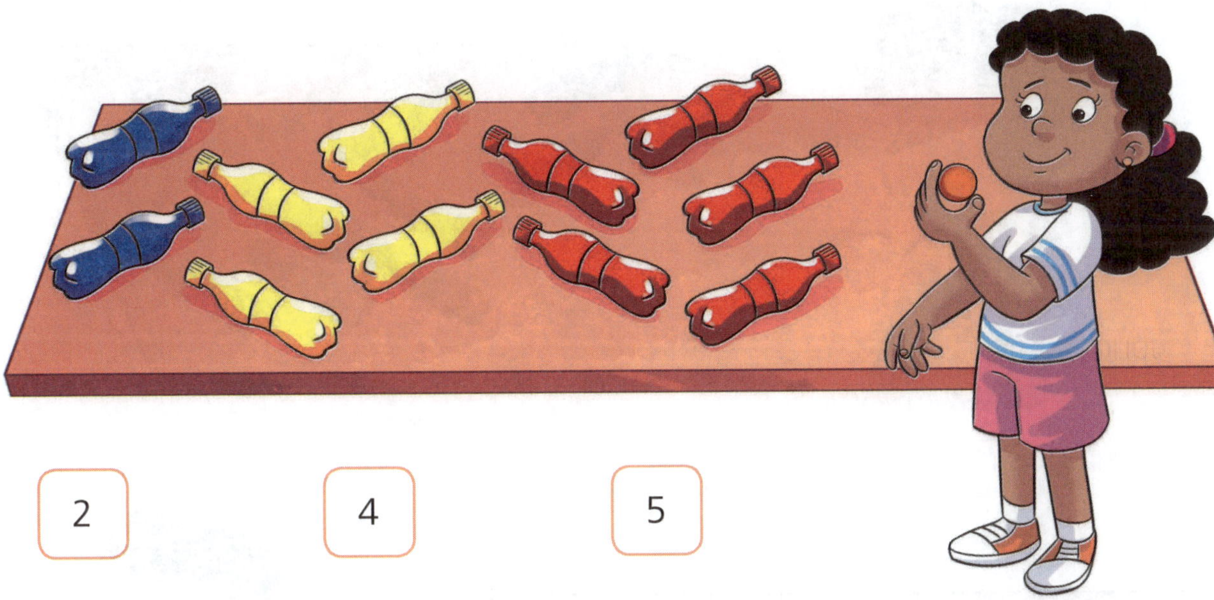

PARA SABER O TOTAL DE PONTOS DE ALICE, É PRECISO RESOLVER ESTA ADIÇÃO:

$$\begin{array}{r} 2 \\ 4 \\ +\ 5 \\ \hline 11 \end{array}$$

2 + 4 + 5 = 11

ATIVIDADE

- DESCUBRA OS PONTOS MARCADOS POR ALICE, JÚLIO E PEDRO NESTA NOVA RODADA.

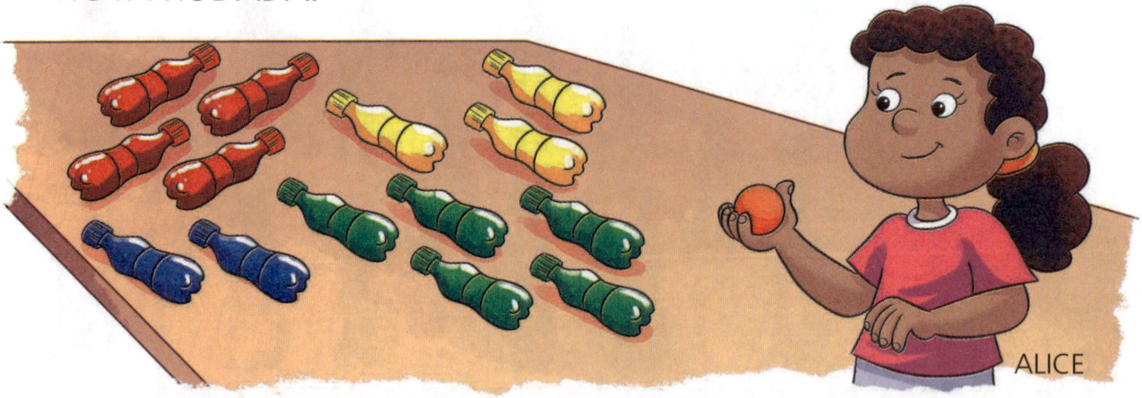

.... + ... + ... + ... = ...

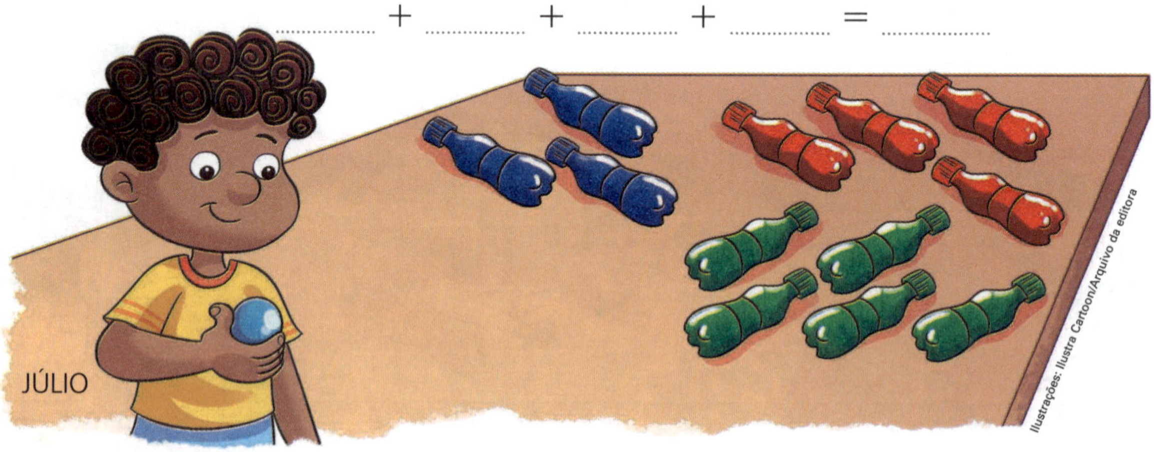

Ilustrações: Ilustra Cartoon/Arquivo da editora

.... + ... + ... = ...

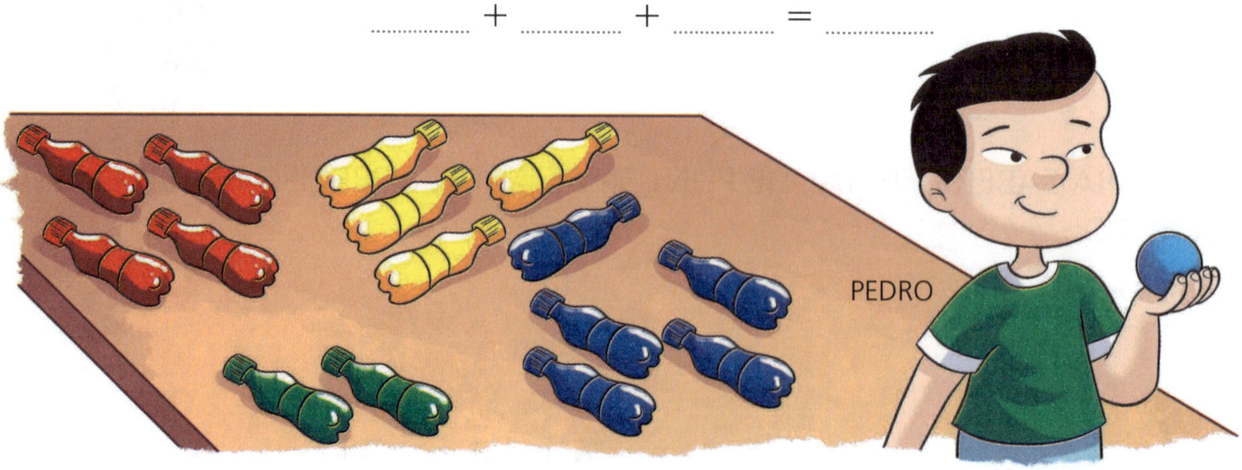

.... + ... + ... + ... = ...

AINDA TRABALHANDO COM A ADIÇÃO

É DIA DO CAMPEONATO DE BOLINHAS DE GUDE E BRENO NÃO TEM AS BOLINHAS PARA PARTICIPAR. VEJA COMO O PROBLEMA FOI RESOLVIDO.

Ilustrações: Ilustra Cartoon/Arquivo da editora

VEJA AS BOLINHAS DE GUDE QUE BRENO GANHOU.

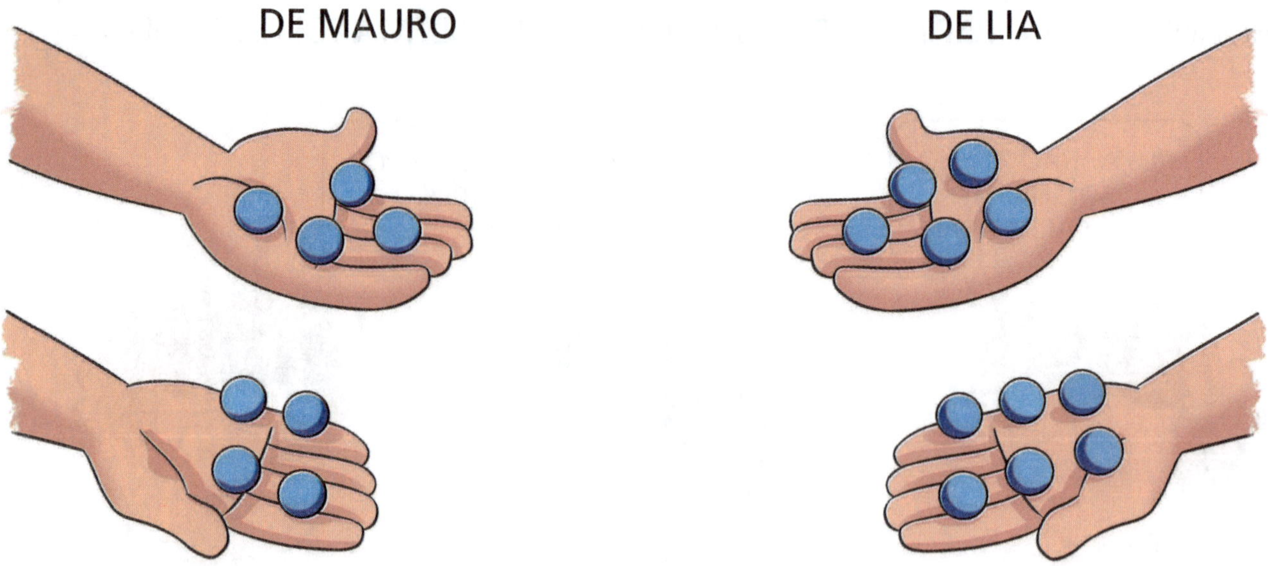

Ilustrações: Ilustra Cartoon/Arquivo da editora

A) QUANTAS BOLINHAS BRENO GANHOU DE MAURO?

B) QUANTAS BOLINHAS BRENO GANHOU DE LIA?

C) QUANTAS BOLINHAS BRENO GANHOU AO TODO?

AGORA USANDO UMA ADIÇÃO, VAMOS REPRESENTAR A QUANTIDADE DE BOLINHAS QUE BRENO TEM:

$$11 + 8 = 19$$

OU

DEZENAS	UNIDADES
1	1
+	8
1	9

ATIVIDADES

1. AGRUPE DE 10 EM 10, RESOLVA AS ADIÇÕES E COMPLETE O QUADRO.
ASSIM:

DEZENAS	UNIDADES
1	5

10 + 5 = ...

DEZENAS	UNIDADES

.... + ... = ...

DEZENAS	UNIDADES

.... + ... = ...

DEZENAS	UNIDADES

.... + ... = ...

Ilustrações: Avalone/Arquivo da editora

2 O NÚMERO QUE APARECE NOS BALÕES INDICA O TOTAL DE UMA DAS ADIÇÕES ABAIXO. LIGUE CADA BALÃO À ADIÇÃO CORRETA.

$3 + 3 =$

$12 + 5 =$

$5 + 5 + 4 =$

$4 + 6 =$

$10 + 8 + 1 =$

$2 + 7 =$

Ilustrações: Avalone/Arquivo da editora

3 REPRESENTE O TOTAL DE FRUTAS QUE HÁ EM CADA QUADRO ESCREVENDO UMA ADIÇÃO.

Tischenko Irina/Shutterstock

StockDisc

D	U
+	

StockDisc

D	U
+	

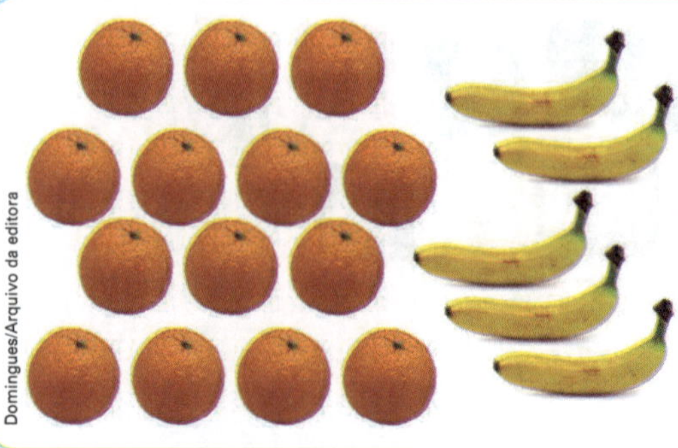

Domingues/Arquivo da editora

Petoo/Shutterstock

D	U
+	

4 A ESCOLA EM QUE SÍLVIO ESTUDA PROMOVEU UMA VISITA À BIBLIOTECA MUNICIPAL. FORAM UTILIZADOS DOIS VEÍCULOS PARA LEVAR OS ALUNOS. UM DELES TRANSPORTOU 16 ALUNOS, E O OUTRO TRANSPORTOU 12 ALUNOS.

Ilustra Cartoon/Arquivo da editora

- QUANTOS ALUNOS AO TODO TRANSPORTARAM OS DOIS VEÍCULOS?

....

COMO VOCÊ FEZ PARA RESPONDER A ESSA PERGUNTA? EXPLIQUE AOS COLEGAS.

VEJA, AGORA, ALGUMAS MANEIRAS DE FAZER ESSE CÁLCULO COM  E 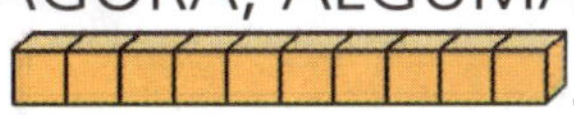.

CADA  REPRESENTA 1 UNIDADE E CADA  REPRESENTA 1 DEZENA.

MATEMÁTICA E DIVERSÃO

MEMORIZE A QUADRINHA

EU TENHO CINCO DEDINHOS
NUMA MÃO E NA OUTRA MÃO.
SE A GENTE CONTAR DIREITO,
CINCO MAIS CINCO DEZ SÃO.

Ilustrações: Ilustra Cartoon/Arquivo da editora

O LIVRO DE NÚMEROS DO MARCELO, DE RUTH ROCHA. SÃO PAULO: SALAMANDRA, 2013. P. 18.

- AGORA, DESCUBRA QUANTOS DEDOS FALTA LEVANTAR PARA COMPLETAR 10 DEDOS EM CADA CASO.

FALTAM ☐ DEDOS.

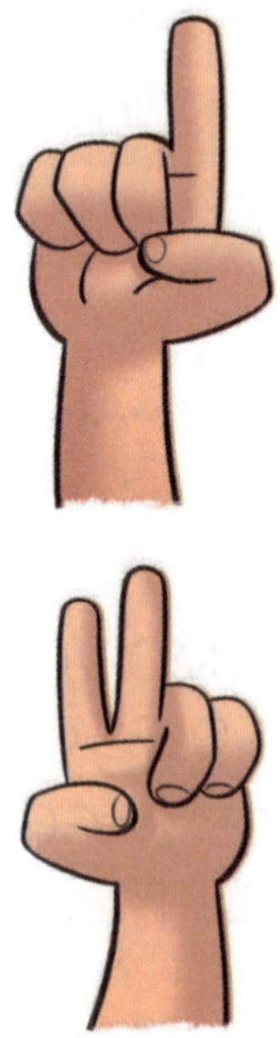

FALTAM ☐ DEDOS.

REPRESENTAÇÃO DA ADIÇÃO – MATERIAL DOURADO E QUADRO DE ORDENS

REPRESENTAMOS CADA NÚMERO ASSIM:

16 + 12 =

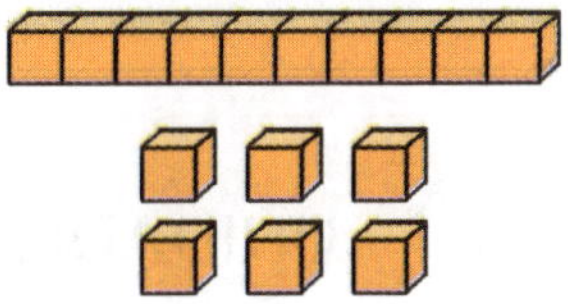

MAIS

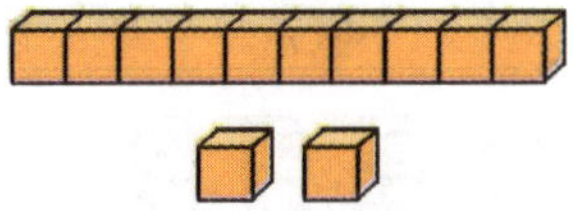

EM SEGUIDA, JUNTAMOS TODAS AS BARRAS E TODOS OS CUBINHOS. OBSERVE:

16 + 12 = 28

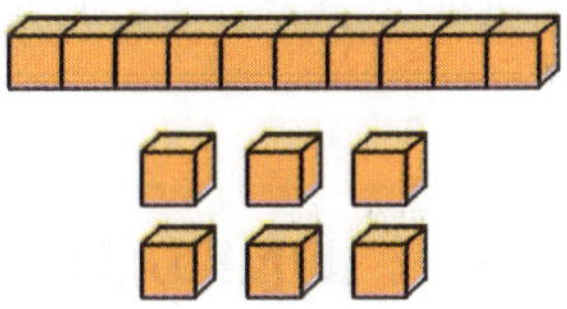

MAIS

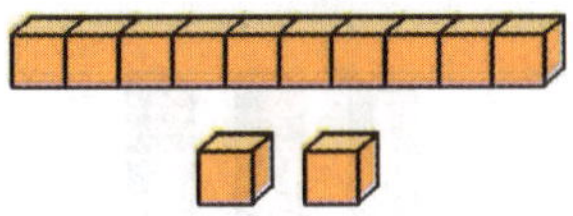

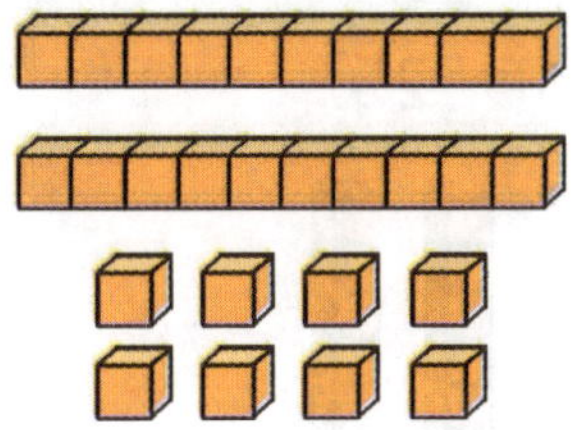

VEJA, AGORA, COM O QUADRO DE ORDENS.

D	U
1	6
+ 1	2
	8

SOMAMOS AS UNIDADES

6U + 2U = 8U

D	U
1	6
+ 1	2
2	8

SOMAMOS AS DEZENAS

1D + 1D = 2D

2 DEZENAS + 8 UNIDADES = ☐

ATIVIDADES

1 DESCUBRA O SEGREDO E COMPLETE. O PRIMEIRO JÁ ESTÁ PRONTO.

35 + 11 = 46

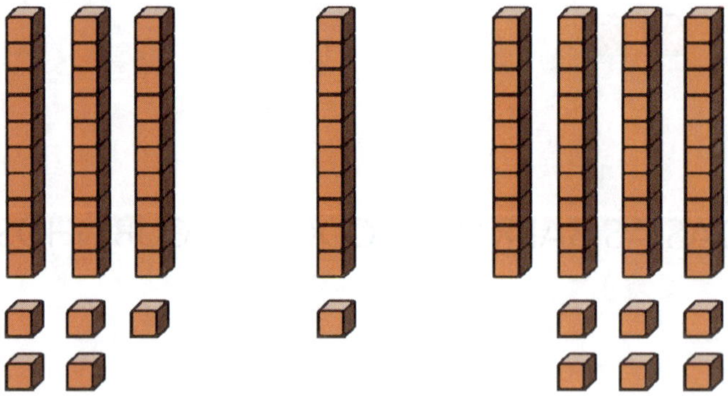

DEZENAS	UNIDADES
3	5
+ 1	1
4	6

25 + 14 = ...

DEZENAS	UNIDADES

18 + 10 = ...

DEZENAS	UNIDADES

2 VEJA COMO CÉLIA ENCONTROU MENTALMENTE O RESULTADO DE:

20 + 10 =

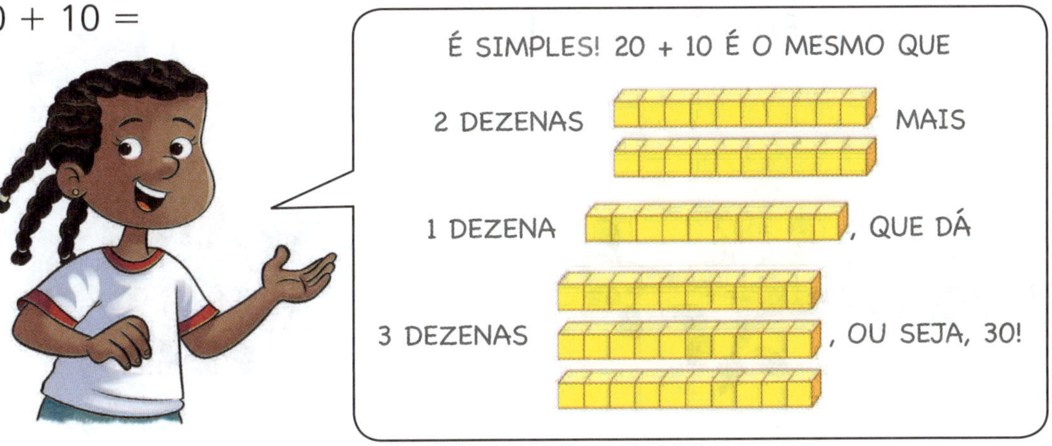

Ilustrações: Ilustra Cartoon/Arquivo da editora

- AGORA É SUA VEZ. ENCONTRE MENTALMENTE OS RESULTADOS DOS CÁLCULOS A SEGUIR:

30 + 10 = ...

40 + 10 = ...

10 + 10 = ...

60 + 10 = ...

50 + 10 = ...

90 + 10 = ...

70 + 10 = ...

80 + 10 = ...

3 VEJA QUE CADA COR DE ARGOLA TEM UM VALOR.

23 34 19

- FAZENDO AS SOMAS DOS PINOS ABAIXO, O RESULTADO SERÁ INDICADO POR UMA DAS ARGOLAS. DESENHE, ENTÃO, A ARGOLA COM A COR CORRETA EM SEU PINO CORRESPONDENTE.

30 + 4 15 + 4 17 + 6

SUBTRAÇÃO COM NÚMEROS ATÉ 9

OBSERVE AS ILUSTRAÇÕES E COMPLETE.

Ilustrações: Avalone/Arquivo da editora

ERAM .... PÁSSAROS.

VOARAM .... PÁSSAROS.

FICARAM .... PÁSSAROS.

HAVIA .... DOCES.

COMI .... DELES.

SOBRARAM .... DOCES.

PARA TIRAR UMA QUANTIDADE DE OUTRA, FAZEMOS UMA SUBTRAÇÃO.

REPRESENTAMOS A SUBTRAÇÃO ASSIM:

$6 - 2 = 4$ $\qquad$ $9 - 4 = 5$

ATIVIDADES

1 PATRÍCIA VAI ARRUMAR AS FLORES NOS VASOS.

Ilustrações: Ilustra Cartoon/Arquivo da editora

QUANTAS FLORES HÁ NO VASO **AMARELO**? ....

PATRÍCIA VAI TIRAR 2 FLORES PARA COLOCAR NO VASO **VERMELHO**. DESENHE-AS NO VASO.

AGORA, PATRÍCIA VAI TIRAR 3 FLORES DO VASO **AMARELO** PARA COLOCAR NO **VERDE**. DESENHE-AS NO VASO.

DESENHE QUANTAS FLORES SOBRARAM NO VASO **AMARELO**.

2 DESCUBRA QUANTAS FIGURINHAS FALTAM PARA CADA CRIANÇA COMPLETAR UMA PÁGINA DE SEU ÁLBUM.

JOELSON

BRUNA

ILDA

ALEXANDRE

Ilustrações: Avalone/Arquivo da editora

NOME	FALTAM
ILDA	
ALEXANDRE	
BRUNA	
JOELSON	

- QUEM VOCÊ ACHA QUE ESTÁ MAIS PERTO DE PREENCHER A PÁGINA PRIMEIRO? POR QUÊ?

....

....

....

3 OBSERVE, CONTE E COMPLETE OS QUADROS.

Ilustrações: Avalone/Arquivo da editora

QUANTIDADE DE DOCES ☐ TIRA ☐ RESTAM ☐

8 MENOS 2 É IGUAL A SEIS.

8 − 2 = ☐

QUANTIDADE DE DOCES ☐ TIRA ☐ RESTAM ☐

.... MENOS .... É IGUAL A ....

.... − .... = ...

4 OBSERVE AS FIGURAS, CONTE E COMPLETE.

6 − 1 = ...

.... − .... = ...

.... − .... = ...

.... − .... = ...

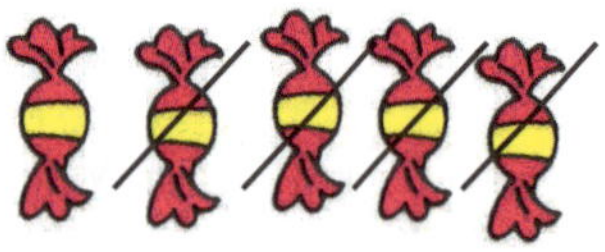

.... − .... = ...

.... − .... = ...

Ilustrações: Avalone/Arquivo da editora

5 AGORA OBSERVE, ARME E EFETUE AS SUBTRAÇÕES.

7 − 2 = ...

$$\begin{array}{r} 7 \\ -\ \dots \\ \hline 5 \end{array}$$

9 − 4 = ...

$$\begin{array}{r} 9 \\ -\ \dots \\ \hline 5 \end{array}$$

6 − 4 = ...

$$\begin{array}{r} \dots \\ -\ 4 \\ \hline 2 \end{array}$$

9 − 3 = ...

$$\begin{array}{r} 9 \\ -\ \dots \\ \hline 6 \end{array}$$

6 − .... = ...

$$\begin{array}{r} \dots \\ -\ \dots \\ \hline \dots \end{array}$$

5 − 5 = ...

$$\begin{array}{r} \dots \\ -\ \dots \\ \hline \dots \end{array}$$

6 CALCULE MENTALMENTE E REGISTRE O RESULTADO.

SUBTRAIA 3	
9	
6	
5	
7	

SUBTRAIA 5	
9	
6	
8	
5	

7 REGISTRE CADA SITUAÇÃO USANDO NÚMEROS.

A) DESTA ESTANTE, VOU PEGAR 5 LIVROS.

QUANTOS LIVROS SOBRARÃO?

.... – .... = ...

Ilustrações: Ilustra Cartoon/Arquivo da editora

B) DESTE BOLO, VOU COMER 3 PEDAÇOS.

QUANTOS PEDAÇOS SOBRARÃO?

.... – .... = ...

C) DESTA BANDEJA, VOU PEGAR 2 EMPADAS.

QUANTAS EMPADAS SOBRARÃO?

.... – .... = ...

SUBTRAÇÃO COM NÚMEROS ATÉ 19

CANTE COM OS COLEGAS.

ONDE ESTÁ A MARGARIDA
OLÊ, OLÊ, OLÁ
ONDE ESTÁ A MARGARIDA
OLÊ, SEUS CAVALHEIROS

ELA ESTÁ EM SEU CASTELO
OLÊ, OLÊ, OLÁ
ELA ESTÁ EM SEU CASTELO
OLÊ, SEUS CAVALHEIROS

MAS EU QUERIA VÊ-LA
OLÊ, OLÊ, OLÁ
MAS EU QUERIA VÊ-LA
OLÊ, SEUS CAVALHEIROS

MAS O MURO É MUITO ALTO
OLÊ, OLÊ, OLÁ
MAS O MURO É MUITO ALTO
OLÊ, SEUS CAVALHEIROS

CANTIGA POPULAR

NA PARTE DO CASTELO, ONDE ESTAVA A MARGARIDA, HAVIA 14 GRANDES PEDRAS. PARA QUE ELA PUDESSE APARECER, FORAM TIRADAS 2 PEDRAS. OBSERVE:

Avalone/Arquivo da editora

VAMOS REPRESENTAR COM NÚMEROS:

14 − 2 = 12

CATORZE MENOS DOIS É IGUAL A DOZE.

DEZENAS	UNIDADES
1	2

ATIVIDADES

1 OBSERVE O NÚMERO TOTAL DE PEDRAS QUE HÁ NO CASTELO:

Ilustrações: Avalone/Arquivo da editora

A) ESCREVA O NÚMERO TOTAL DE PEDRAS: ☐

B) AGORA, COMPLETE O QUADRO.

FORAM TIRADAS DO CASTELO	PEDRAS QUE RESTARAM NO CASTELO
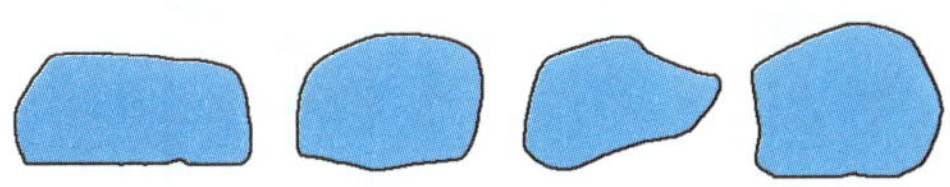	20 − 4 = 16
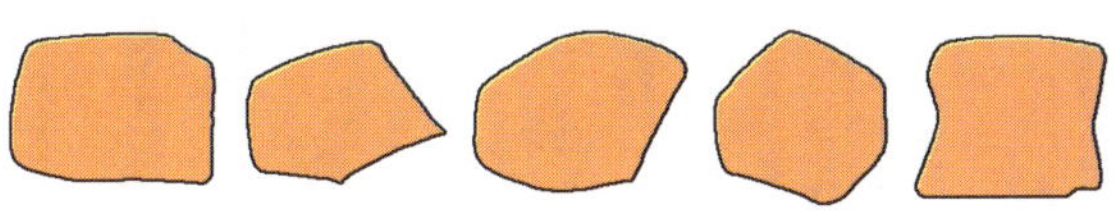	

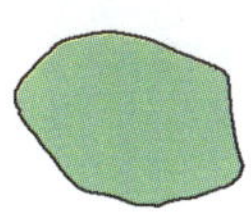	

2 VAMOS RESOLVER AS SUBTRAÇÕES? A PRIMEIRA JÁ ESTÁ PRONTA.

10 − 2 = 8

12 − 4 = ...

16 − 8 = ...

19 − 9 = ...

3 QUANTOS LÁPIS ESTÃO FALTANDO NA CAIXA? DESENHE-OS E ESCREVA O NÚMERO.

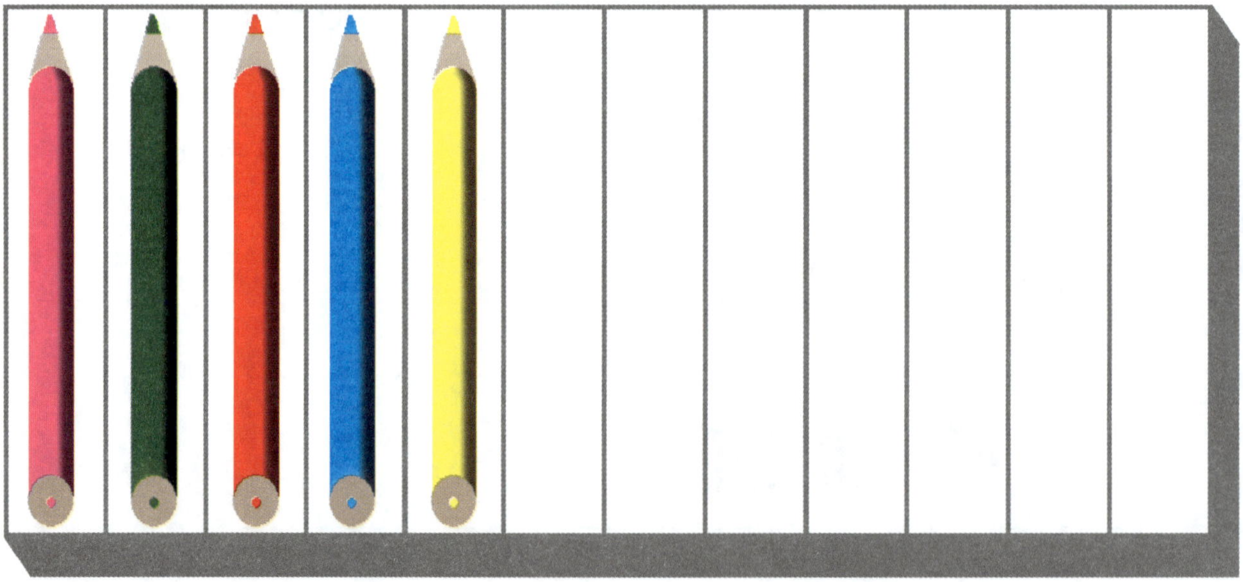

Ilustrações: Avalone/Arquivo da editora

- ESTÃO FALTANDO .... LÁPIS.

4 VEJA O EXEMPLO ABAIXO:

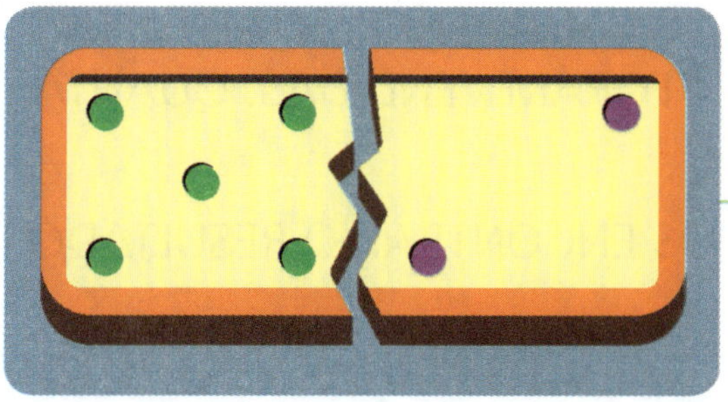

7 | 7 − 2 = 5

- CONTINUE A ESCREVER AS SUBTRAÇÕES A SEGUIR.

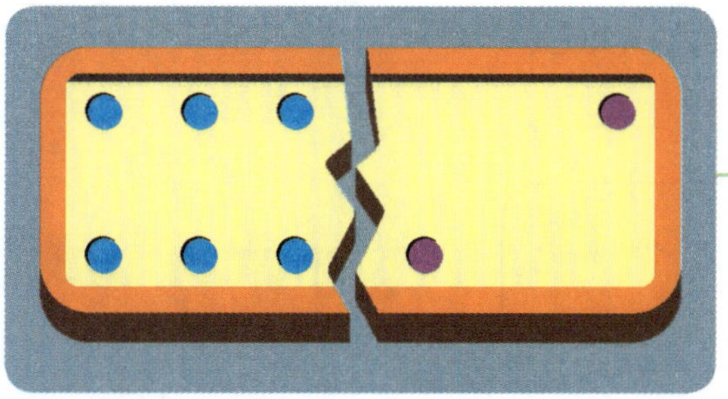

8 | 8 − .... = ...

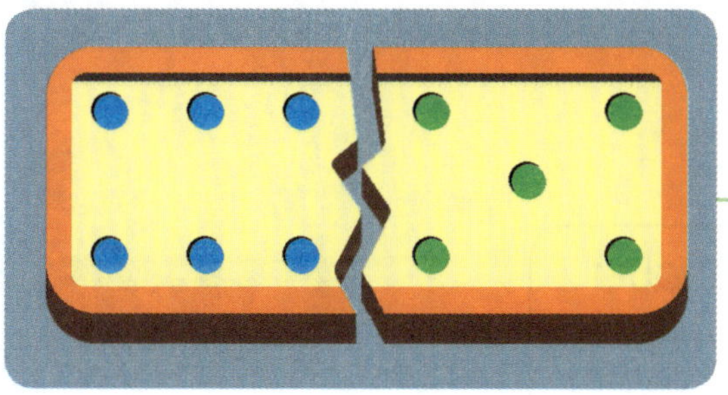

11 | .... − 5 = ...

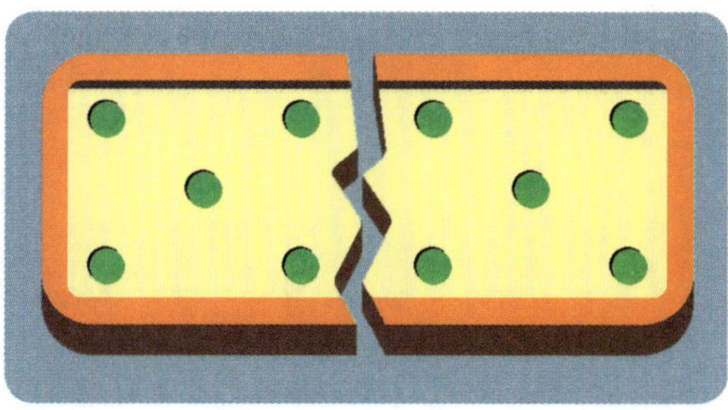

10 | .... − .... = ...

Ilustrações: Avalone/Arquivo da editora

5 RESOLVA AS SUBTRAÇÕES.

18	25	19	34	63	94
− 6	− 10	− 17	− 12	− 13	− 14
....	....	....	....	....	....

AINDA TRABALHANDO COM A SUBTRAÇÃO

TODOS OS DIAS, HUGO SAI COM AS 16 VACAS DO REBANHO DE SEU AVÔ PARA PASTAR. DESSAS VACAS, 4 FORAM VENDIDAS. QUANTAS RESTARAM?

PARA ACHAR A RESPOSTA PRECISAMOS ENCONTRAR O RESULTADO DE:

16 − 4 =

VEJA COMO HUGO EFETUOU ESSE CÁLCULO:

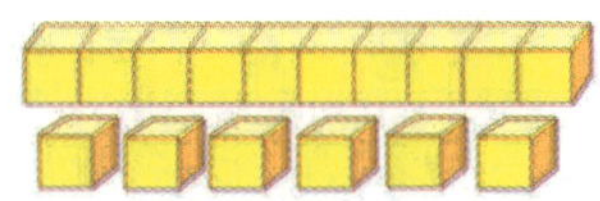

16

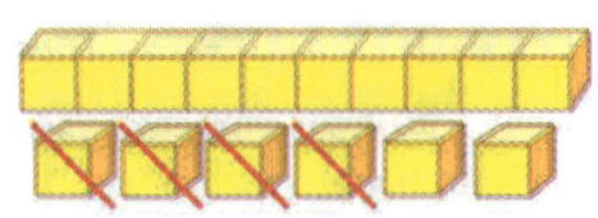

16 − 4 = 12

Ilustrações: Ilustra Cartoon/Arquivo da editora

AGORA EFETUE A OPERAÇÃO COM O QUADRO DE ORDENS.

D	U
1	6
−	4

ATIVIDADES

1 O PAI DE FRANCISCO CHEGOU DE VIAGEM E TROUXE PARA ELE UMA CAIXA DE BOMBONS.

HAVIA NA CAIXA

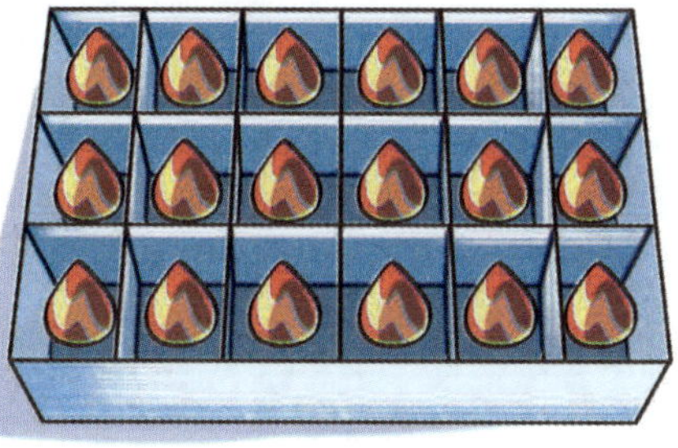

Ilustrações: Ilustra Cartoon/Arquivo da editora

FRANCISCO JÁ COMEU

- QUANTOS BOMBONS RESTARAM? ....

2 COMPLETE OS QUADROS.

TINHA	DEI	CALCULEI ASSIM		FIQUEI COM
		DEZENAS	UNIDADES	.... BOLINHAS
		1	8	
		−	5	

TINHA	DEI	CALCULEI ASSIM		FIQUEI COM
		DEZENAS	UNIDADES	.... LÁPIS
		3	4	
		− 1	2	

3 OBSERVE AS FIGURAS E FAÇA AS SUBTRAÇÕES. AS PEÇAS RISCADAS INDICAM A QUANTIDADE QUE FOI RETIRADA.

27 − 13 = 14

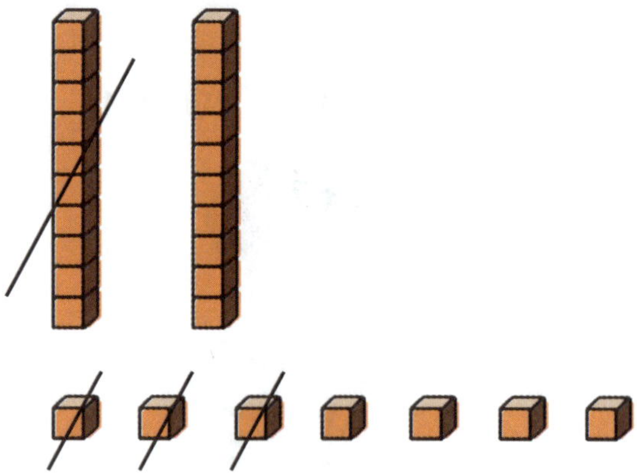

DEZENAS	UNIDADES
2	7
− 1	3

36 − 24 = ...

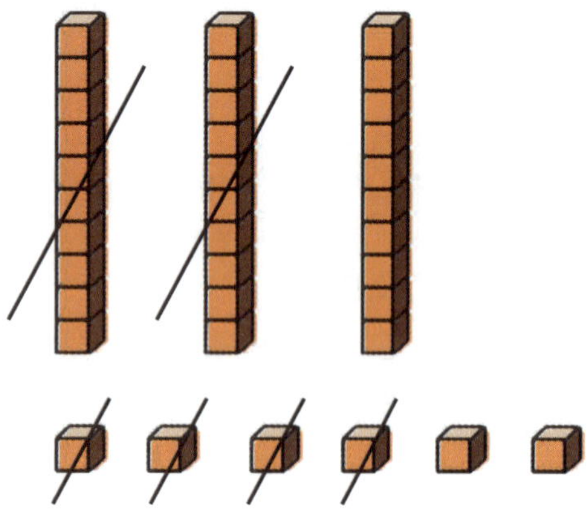

DEZENAS	UNIDADES
3	6
−	

45 − 12 = ...

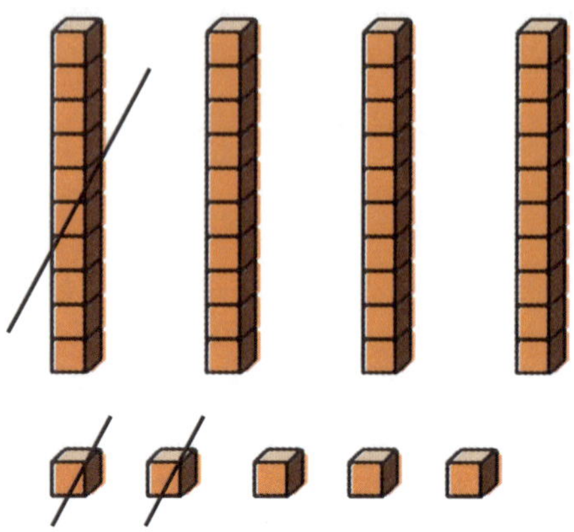

DEZENAS	UNIDADES
4	5
−	

4 RESOLVA COM O PROFESSOR E OS COLEGAS DE CLASSE.

A) A TIA DE ANA FEZ 35 BRIGADEIROS. A MENINA LEVOU 12 DELES PARA A ESCOLA. QUANTOS BRIGADEIROS RESTARAM?

CÁLCULO

```
   35
-  12
-----
......
```

DEZENAS	UNIDADES

RESTARAM .... BRIGADEIROS.

B) NA BIBLIOTECA DA SALA DE AULA HÁ 69 LIVROS. CADA UMA DAS 25 CRIANÇAS DA SALA LEVOU UM LIVRO PARA CASA. QUANTOS LIVROS AINDA HÁ NA SALA DE AULA?

CÁLCULO

```
   69
-  25
-----
......
```

DEZENAS	UNIDADES

NA SALA DE AULA AINDA HÁ .... LIVROS.

C) MÁRIO TINHA 18 BOLINHAS DE GUDE. DEU 8 PARA SEU IRMÃO. COM QUANTAS BOLINHAS DE GUDE MÁRIO FICOU?

CÁLCULO

```
   18
-   8
-----
......
```

DEZENAS	UNIDADES

MÁRIO FICOU COM .... BOLINHAS DE GUDE.

TRABALHANDO COM ADIÇÃO E SUBTRAÇÃO

OBSERVANDO UMA PEÇA DE UM JOGO DE DOMINÓ, RENATO ESCREVEU AS SEGUINTES ADIÇÕES E SUBTRAÇÕES.

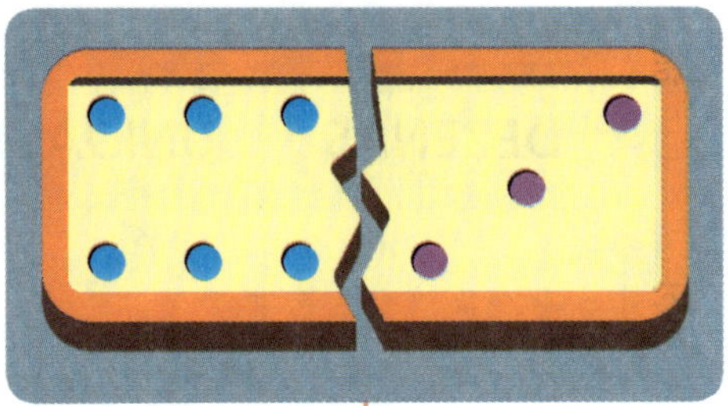

$6 + 3 = 9$ | 9 | $9 - 3 = 6$

$3 + 6 = 9$ | | $9 - 6 = 3$

Ilustrações: Ilustra Cartoon/Arquivo da editora

FAÇA COMO RENATO. OBSERVE AS PEÇAS DO JOGO E ESCREVA AS ADIÇÕES E SUBTRAÇÕES QUE VOCÊ CONSEGUIR.

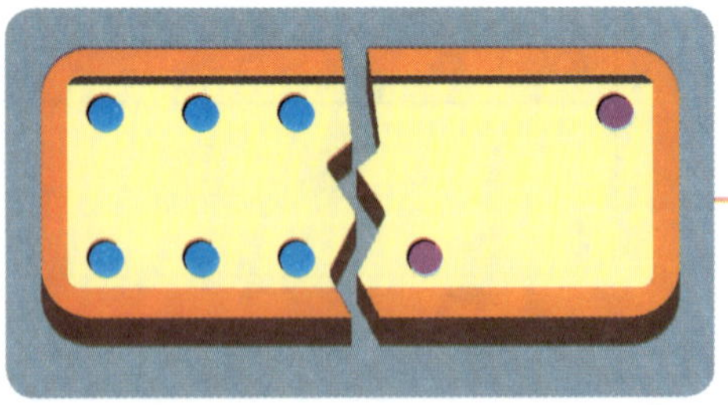

8

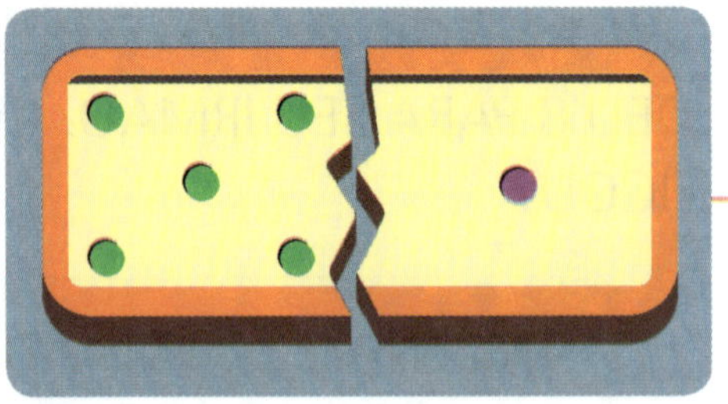

6

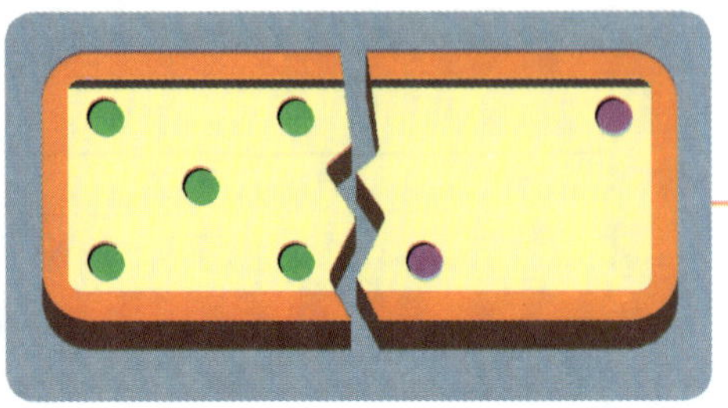

7

Ilustrações: Avalone/Arquivo da editora

ATIVIDADES

1 OBSERVE O MOVIMENTO NO ESTACIONAMENTO E DEPOIS RESPONDA:

ENTRARAM 5 CARROS.

DEPOIS CHEGARAM MAIS 8.

AGORA ESTÃO SAINDO 3.

Ilustrações: Avalone/Arquivo da editora

A) QUANTOS CARROS ENTRARAM NO INÍCIO? ☐

B) QUANTOS CARROS CHEGARAM DEPOIS? ☐

C) QUANTOS CARROS FICARAM AO TODO? ☐

D) QUANTOS CARROS SAÍRAM? ☐

E) QUANTOS CARROS RESTARAM? ☐

Vitaly Korovin/Shutterstock/Glow Images

2 VOCÊ SABE COMO USAR UMA CALCULADORA? OBSERVE A IMAGEM.

- AGORA, DESCUBRA SE É ADIÇÃO OU SUBTRAÇÃO E COMPLETE OS ☐ COM + OU –. PARA ISSO, É SÓ OBSERVAR O NÚMERO QUE APARECE NO VISOR.

TECLAS			VISOR
9	☐	6	3
4	☐	2	6
1	☐	7	8
8	☐	7	1

TECLAS			VISOR
5	☐	1	4
3	☐	2	5
2	☐	5	7
8	☐	6	2

O TEMA É...

HÁBITOS DE CONSUMO

HOJE, COM TANTOS PRODUTOS DISPONÍVEIS, ESTAMOS SEMPRE TENTADOS A POSSUIR MUITOS BENS, NOVIDADES E TUDO AQUILO QUE NOSSOS CONHECIDOS POSSUEM. MAS SERÁ QUE TER TANTA COISA NOS FAZ REALMENTE FELIZ? E SE PENSARMOS NO PLANETA, CONSIDERANDO QUE UM DIA ESSES PRODUTOS SE TRANSFORMARÃO EM LIXO?

VAMOS VER AS CARACTERÍSTICAS DO CONSUMIDOR CONSCIENTE E DO CONSUMISTA. PENSE NAS SUAS ATITUDES (NÃO PRECISA CONTAR PARA NINGUÉM).

Ilustra Cartoon/Arquivo da editora

O CONSUMISTA

- NÃO PENSA ANTES DE COMPRAR.
- PREOCUPA-SE COM O QUE OS OUTROS VÃO PENSAR.
- COMPRA MESMO SEM TER O DINHEIRO, PODENDO ATÉ SE ENDIVIDAR.
- QUANDO VÊ UM PRODUTO ANUNCIADO NA TELEVISÃO, TEM VONTADE DE SAIR CORRENDO PARA COMPRÁ-LO.
- ACREDITA QUE SÓ O DINHEIRO TRAZ A FELICIDADE.
- ACHA QUE AQUELES QUE TÊM MAIS DINHEIRO SÃO MAIS RESPEITADOS E AMADOS.
- JOGA FORA COISAS QUE PODEM SER CONSERTADAS.

CONVERSE COM A SUA TURMA E COMPARE AS ATITUDES DE UMA PESSOA CONSUMISTA COM UM CONSUMIDOR CONSCIENTE.

QUAIS AS VANTAGENS PARA TODOS DE SER UM CONSUMIDOR CONSCIENTE?

Ilustra Cartoon/Arquivo da editora

O CONSUMIDOR CONSCIENTE

- COMPRA O QUE PRECISA.
- PLANEJA, PESQUISA E COMPARA ANTES DE COMPRAR.
- USA TUDO O QUE TEM E DOA O QUE NÃO USA.
- COMPREENDE QUANDO SUA MÃE DIZ QUE NÃO TEM DINHEIRO PARA COMPRAR ALGUMA COISA.
- NÃO FICA CHATEADO SE OS SEUS AMIGOS TÊM ALGO QUE ELE AINDA NÃO TEM.
- VALORIZA AQUILO QUE TEM.
- PREOCUPA-SE COM O PLANETA E COM O FUTURO.
- ECONOMIZA ÁGUA, LUZ, GÁS, ETC.
- NÃO COMPRA PRODUTOS PIRATAS.
- CONSEGUE ADIAR UM DESEJO EM FUNÇÃO DE UM BENEFÍCIO FUTURO.

O CONSUMO, CRISTINA VON. SÃO PAULO: CALLIS, 2009. P. 31 E 32.

CAPÍTULO 11

O REAL, NOSSO DINHEIRO

DURANTE ALGUMAS SEMANAS, CARLA ECONOMIZOU DINHEIRO. VAMOS DESCOBRIR SE ELA JÁ TEM O SUFICIENTE PARA COMPRAR A BONECA?

Ilustra Cartoon/Arquivo da editora

CARLA JÁ PODE COMPRAR A BONECA?

◯ SIM ◯ NÃO

AS CÉDULAS E AS MOEDAS FAZEM PARTE DO REAL, NOSSO DINHEIRO. O SÍMBOLO DO REAL É **R$**.

Reprodução: Casa da Moeda do Brasil/Ministério da Fazenda

ATIVIDADES

1 CIRCULE OS GRUPOS DE 10 CÉDULAS. QUAL É O VALOR FINAL DELAS? LIGUE-AS À NOTA COM ESSE VALOR.

Reprodução: Casa da Moeda do Brasil/Ministério da Fazenda

2 OBSERVE OS PREÇOS DAS BRINCADEIRAS E DOS ALIMENTOS DA FESTA JUNINA NA ESCOLA DE ÉRICA:

MILHO VERDE  → R$ 1,00

PESCARIA  → R$ 0,50

BOLO  → R$ 1,50

Ilustrações: Ilustra Cartoon/Arquivo da editora

- VEJA QUANTO DINHEIRO CADA CRIANÇA TEM. CIRCULE AS MOEDAS DE QUE CADA UMA DELAS PRECISA PARA COMPRAR O QUE QUER.

3 OBSERVE OS PREÇOS DOS OBJETOS ABAIXO.

Ilustrações: Ilustra Cartoon/Arquivo da editora

IMAGINE QUE VOCÊ FEZ AS COMPRAS DA LISTA ABAIXO. CALCULE QUANTO VOCÊ GASTOU E ANOTE.

COMPRA	GASTO

4 COMPLETE O QUADRO.

VOCÊ TEM	GASTA	O TROCO É
9 REAIS	5 REAIS	
5 REAIS	1 REAL	
8 REAIS	7 REAIS	
4 REAIS	4 REAIS	

MATEMÁTICA E DIVERSÃO

COMPRANDO COM INTELIGÊNCIA!

IR AO SUPERMERCADO PODE SER DIVERTIDO, MAS É PRECISO SABER ESCOLHER O QUE COMPRAR. É IMPORTANTE OPTAR POR PRODUTOS SAUDÁVEIS E QUE NÃO PREJUDIQUEM O AMBIENTE.

TIAGO FOI AO SUPERMERCADO COMPRAR LANCHES PARA LEVAR À ESCOLA. ELE TEM R$ 10,00.

Ilustra Cartoon/Arquivo da editora

- TIAGO QUER LEVAR DOIS TIPOS DE ALIMENTO E UMA BEBIDA. O QUE ELE PODE COMPRAR COM R$ 10,00? AJUDE-O A ESCOLHER O QUE FOR MAIS SAUDÁVEL.

....

....

....

IDEIAS EM AÇÃO

HORA DE CONSTRUIR!

MATERIAL NECESSÁRIO

- TESOURA SEM PONTAS
- COLA
- FOLHA DO **CADERNO DE IDEIAS EM AÇÃO**

VOCÊ ESTUDOU ALGUNS SÓLIDOS GEOMÉTRICOS. VAMOS VER E CONSTRUIR MAIS UM: A PIRÂMIDE!

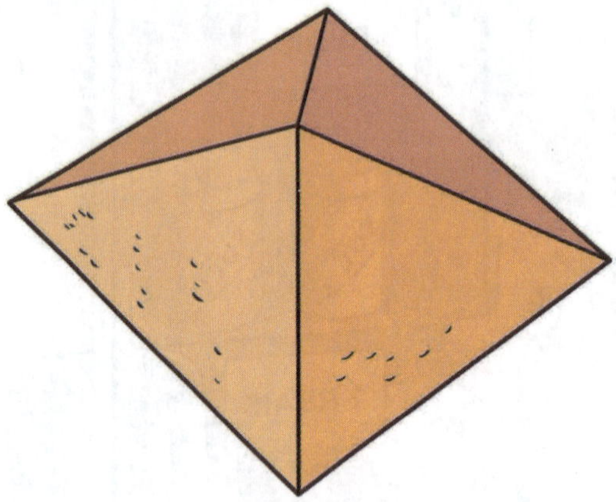

PIRÂMIDE DE BASE QUADRADA

UMA PIRÂMIDE PODE TER A BASE COM OUTRAS FORMAS. ESTA PIRÂMIDE TEM A BASE EM FORMA DE TRIÂNGULO. ASSIM TODAS AS SUAS FACES SÃO TRIANGULARES.

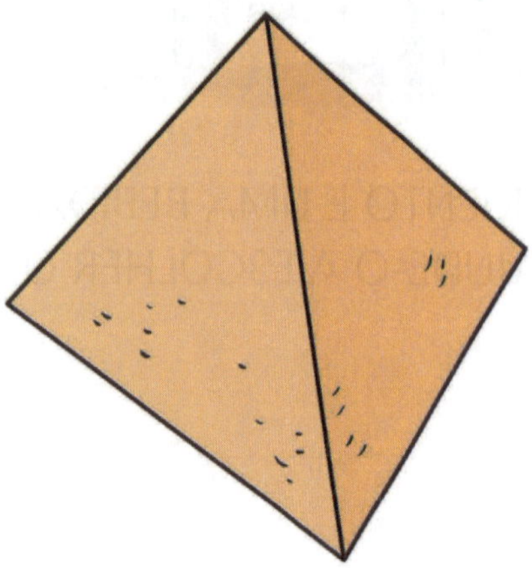

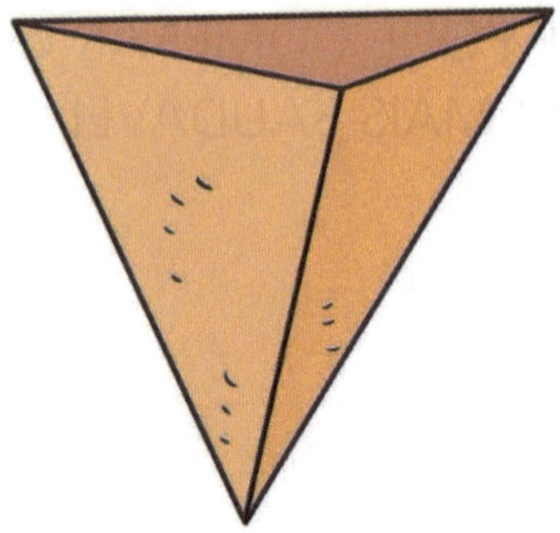

Ilustrações: Ilustra Cartoon/Arquivo da editora

VOCÊ VAI CONSTRUIR UMA PIRÂMIDE COMO ESSA E FORMAR UM DADO.

1. ANTES, UM DESAFIO!

VOCÊ CONSEGUE RESPONDER QUANTAS FACES TERÃO ESTE DADO? SE PRECISAR, CONSULTE A FOLHA DO **CADERNO DE IDEIAS EM AÇÃO**.

2. RECORTE COM CUIDADO A FIGURA FORMADA.

3. COLE AS ABAS COM CUIDADO, DEIXANDO A PARTE COLORIDA E COM OS PONTOS PARA FORA.

Ilustrações: Ilustra Cartoon/Arquivo da editora

PRONTO! AGORA VOCÊ TEM UM DADO DE 4 FACES E PODE USÁ-LO EM QUALQUER JOGO DE DADOS.

UNIDADE 4 SISTEMAS DE MEDIDA

VAMOS CONVERSAR?

- O QUE AS CRIANÇAS DA CENA AO LADO ESTÃO FAZENDO?
- VOCÊ JÁ MEDIU ALGUMA COISA? O QUE VOCÊ USOU PARA FAZER ISSO?

O QUE VOU ESTUDAR?

- MEDIDAS DE TEMPO
- MEDIDAS DE COMPRIMENTO
- MEDIDAS DE MASSA
- MEDIDAS DE CAPACIDADE

Ilustra Cartoon/Arquivo da editora

CAPÍTULO 12

MEDINDO O TEMPO

OED

RELÓGIO

SÁBADO À TARDE DAVI FOI AO CINEMA COM SUA TIA E SUA PRIMA.

Ilustra Cartoon/Arquivo da editora

O FILME A QUE DAVI VAI ASSISTIR COMEÇA ÀS **3** HORAS.

OS INSTRUMENTOS A SEGUIR SÃO UTILIZADOS PARA MARCAR A PASSAGEM DO TEMPO. CIRCULE OS QUE VOCÊ CONHECE.

rangizzz/Shutterstock/Glow Images

Mega Pixel/Shutterstock/Glow Images

Ekaterina Ageeva/Shutterstock/Glow Images

Kitch Bain/Shutterstock/Glow Images

Lisa S./Shutterstock/Glow Images

Antonsov85/Shutterstock/Glow Images

inxti/Shutterstock/Glow Images

Antonsov85/Shutterstock/Glow Images

USAMOS O RELÓGIO PARA MEDIR O TEMPO.

ATIVIDADES

1 ESCREVA OS NÚMEROS QUE ESTÃO FALTANDO NO MOSTRADOR DO RELÓGIO.

Ilustra Cartoon/Arquivo da editora

2 QUANDO O PONTEIRO DOS MINUTOS ESTÁ SOBRE O NÚMERO 12, O RELÓGIO ESTÁ MARCANDO HORA INTEIRA. O RELÓGIO AO LADO ESTÁ MARCANDO 1 HORA.

1 HORA

- AGORA RESPONDA: QUE HORAS MARCA CADA UM DOS RELÓGIOS ABAIXO?

Ilustrações: Avalone/Arquivo da editora

MATEMÁTICA E DIVERSÃO

1 LEIA A QUADRINHA E DEPOIS RESPONDA ÀS QUESTÕES.

Ilustrações: Avalone/Arquivo da editora

FAZENDO TUDO DEPRESSA
OU ATÉ MESMO DEVAGAR
O TEMPO PASSA NO TEMPO
SEMPRE CERTO DE ESPERAR

A) O QUE VOCÊ FAZ DEPRESSA?

B) O QUE VOCÊ FAZ DEVAGAR?

2 RESOLVA A ADIVINHA.

O QUE É, O QUE É?
O PRIMEIRO JÁ MORREU.
O SEGUNDO VIVE CONOSCO.
E O TERCEIRO NÃO NASCEU.

P						O	
P							E
F					O		

DIAS DA SEMANA

LEIA O TEXTO COM SEUS COLEGAS DE CLASSE.

ERA UMA VEZ UMA LINDA, TRANSPARENTE E FOFA GOTINHA D'ÁGUA.

GOTINHA ERA VAIDOSA.

GOSTAVA DE USAR UM LAÇO DE FITA, CADA DIA DE UMA COR.

Ilustrações: Avalone/Arquivo da editora

FOI A GOTA D'ÁGUA, DE LÚCIA PIMENTEL GÓES. SÃO PAULO: SCIPIONE, 2003.

UMA SEMANA TEM 7 (SETE) DIAS.

ATIVIDADES

1 ESCREVA O NOME DAS CORES DOS LAÇOS DE FITA QUE GOTINHA USOU EM CADA DIA DA SEMANA.

DOMINGO ....

SEGUNDA-FEIRA ....

TERÇA-FEIRA ....

QUARTA-FEIRA ....

QUINTA-FEIRA ....

SEXTA-FEIRA ....

SÁBADO ....

2 PINTE DE AMARELO OS DIAS EM QUE VOCÊ VAI À ESCOLA E DE VERDE OS DIAS EM QUE NÃO HÁ AULA.

DOMINGO

SEGUNDA-FEIRA

TERÇA-FEIRA

QUARTA-FEIRA

QUINTA-FEIRA

SEXTA-FEIRA

SÁBADO

3 VOCÊ SABE QUE DIA DA SEMANA É HOJE? PROCURE NOS QUADRINHOS DA ATIVIDADE ACIMA E ESCREVA.

....

4 AS HORAS E OS DIAS DA SEMANA SÃO MEDIDAS DE TEMPO. FAÇA O DESENHO DE OBJETOS QUE VOCÊ USA EM CASA PARA MEDIR O TEMPO.

5 OBSERVE O TEMPO DE GESTAÇÃO DE ALGUNS ANIMAIS:

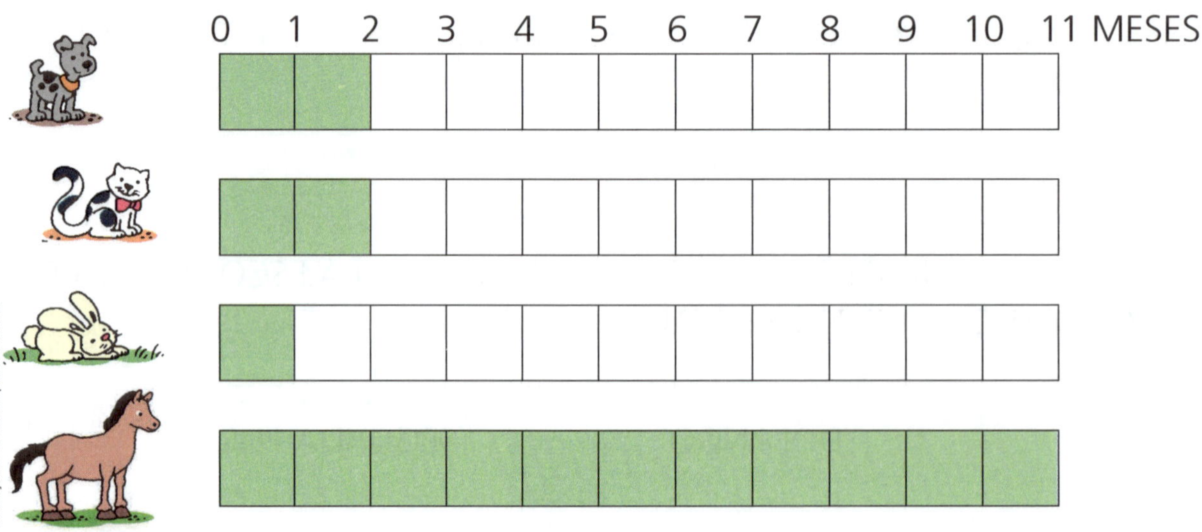

Ilustrações: Avalone/Arquivo da editora

- AGORA RESPONDA:

A) QUAL DELES TEM O MAIOR TEMPO DE GESTAÇÃO?

....

B) QUAL DELES TEM O MENOR TEMPO DE GESTAÇÃO?

....

6 A PROFESSORA DE MARCELO DEU UMA FOLHA DE PAPEL PARA QUE CADA ALUNO MARCASSE EM CASA COMO ESTAVA O TEMPO EM CADA DIA DA SEMANA. VEJA COMO FICOU A FOLHA DE MARCELO E DEPOIS FAÇA O QUE SE PEDE.

Avalone/Arquivo da editora

A) QUANTOS DIAS SÃO AO TODO?

....

B) DESENHE O SÍMBOLO QUE APARECE NO PRIMEIRO E NO ÚLTIMO DIA.

C) EM QUANTOS DIAS DA SEMANA FEZ SOL?

....

D) O TEMPO FICOU NUBLADO EM QUANTOS DIAS?

....

CAPÍTULO 13

MEDINDO O COMPRIMENTO

O METRO

PAULO, JUCA E IAGO QUERIAM SABER QUEM ERA O MAIS ALTO PARA SER O GOLEIRO DO TIME.

Ilustra Cartoon/Arquivo da editora

PAULO JUCA IAGO

O MENINO MAIS ALTO É:

( ) PAULO ( ) JUCA ( ) IAGO

VEJA OS TRÊS ANIMAIS ABAIXO.

Polly Rhodes/Shutterstock/Glow Images

ELEFANTE

Olesya Kuznetsova/Shutterstock/Glow Images

GATO

Chayatorn Laorattanavech/Shutterstock/Glow Images

CACHORRO

AGORA RESPONDA:

A) QUAL É O ANIMAL MAIS BAIXO? ....

B) QUAL É O ANIMAL MAIS ALTO? ....

LAURA RESOLVEU COMPRAR UMA TOALHA E VAI MEDIR O COMPRIMENTO DE SUA MESA COM UMA FITA MÉTRICA.

Ilustra Cartoon/Arquivo da editora

O METRO É USADO PARA MEDIR COMPRIMENTO.

DIFERENTES INSTRUMENTOS PODEM SER USADOS PARA MEDIR O COMPRIMENTO DOS OBJETOS.

NRT/Shutterstock/Glow Images

RÉGUA

Alexander Lobanov/Shutterstock/Glow Images

TRENA

Mamuka Gotsiridze/Alamy/Latinstock

FITA MÉTRICA

TAMBÉM É MUITO COMUM MEDIRMOS A ALTURA DAS PESSOAS OU DOS OBJETOS.

joSon/Getty Images

O CRISTO REDENTOR, NO RIO DE JANEIRO (RJ), TEM 30 METROS DE ALTURA, SEM CONTAR OS 8 METROS DO PEDESTAL.

ATIVIDADES

1. VOCÊ SABE QUAL É O ANIMAL MAIS ALTO QUE EXISTE? INICIE PELO NÚMERO 1 E LIGUE OS PONTOS.

Avalone/Arquivo da editora

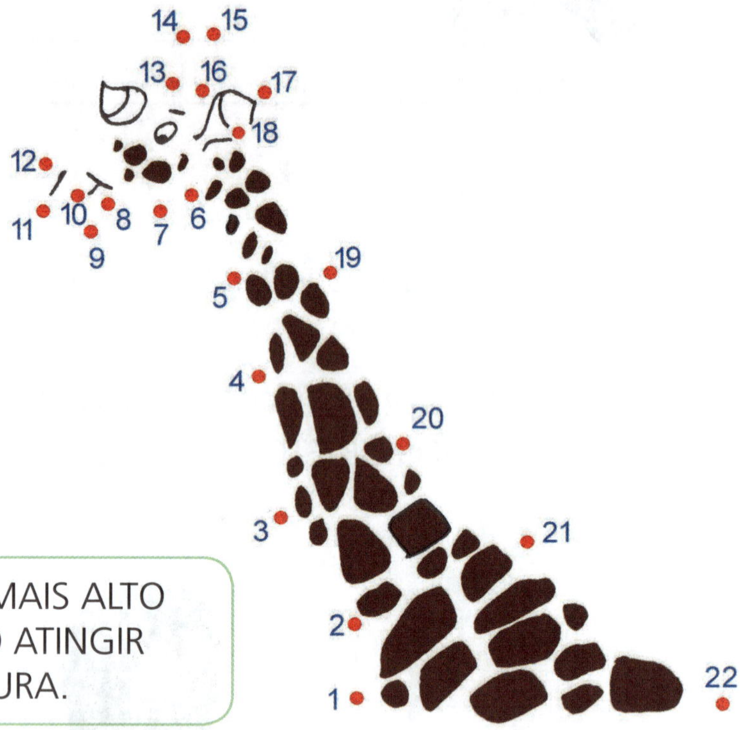

A GIRAFA É O ANIMAL MAIS ALTO QUE EXISTE, PODENDO ATINGIR 6 METROS DE ALTURA.

2. EM SUA SALA DE AULA HÁ ALGUM OBJETO QUE TENHA MAIS DE 1 METRO? E MENOS DE 1 METRO? DESENHE OU ESCREVA.

MAIS DE 1 METRO	MENOS DE 1 METRO

3 O CENTÍMETRO É USADO PARA MEDIR PEQUENOS COMPRIMENTOS. VEJA NA RÉGUA QUANTO MEDE O LÁPIS E COMPLETE.

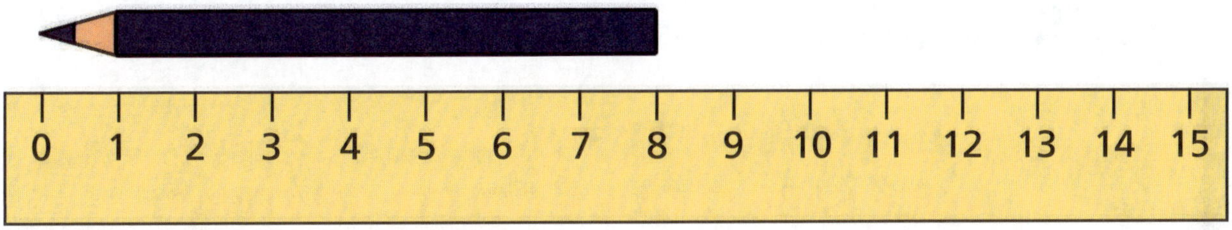

O LÁPIS MEDE .... CENTÍMETROS.

4 VEJA OS CAMINHOS QUE OS BICHINHOS ESTÃO FAZENDO E COMPLETE.
A JOANINHA ESTÁ CAMINHANDO DA PEDRA ATÉ O PEDACINHO DE PAU.

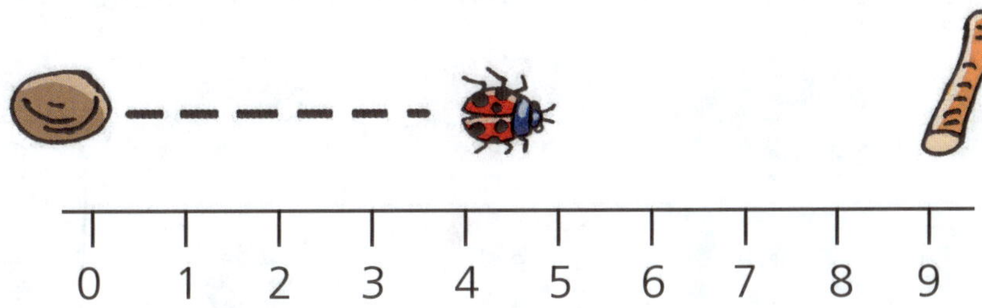

Ilustrações: Avalone/Arquivo da editora

CAMINHO DE .... CENTÍMETROS

A FORMIGA ESTÁ INDO DO FORMIGUEIRO ATÉ A FOLHA.

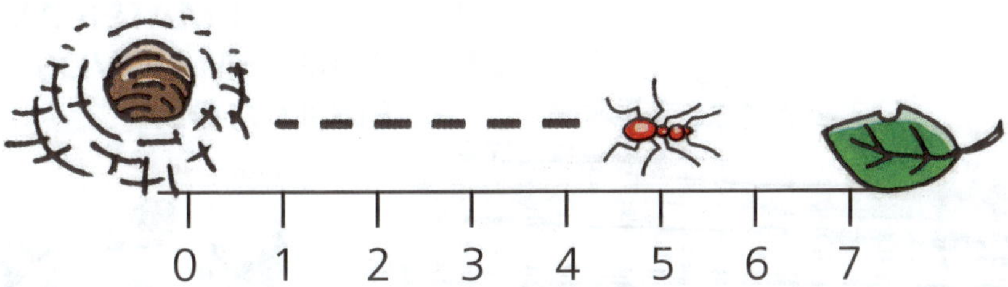

CAMINHO DE .... CENTÍMETROS

- QUEM FEZ O CAMINHO MAIS CURTO?

◯ JOANINHA    ◯ FORMIGA 

A JOANINHA PERCORREU .... CENTÍMETROS A MAIS DO QUE A FORMIGA.

O TEMA É...

RECICLAGEM

VOCÊ SABE O QUE É COLETA SELETIVA? E SABE TAMBÉM O QUE É RECICLAGEM?

FAZER COLETA SELETIVA É SEPARAR OS DIFERENTES TIPOS DE MATERIAL QUE ESTÃO NO LIXO PARA QUE ELE SEJA ENVIADO PARA RECICLAGEM. SIGNIFICA TAMBÉM NÃO MISTURAR O QUE PODE SER RECICLADO COM O RESTANTE DO LIXO.

Avalone/Arquivo da editora

RECICLAGEM É A ATIVIDADE DE TRANSFORMAR MATERIAIS JÁ USADOS EM NOVOS PRODUTOS.

Andreka/Shutterstock/Glowimages

FOLHAS DE PAPEL

Renato Stockler/Folhapress

ARTE EM PAPEL MACHÊ

VEJA COMO AJUDAMOS A NATUREZA E CONTRIBUÍMOS COM ELA QUANDO RECICLAMOS PAPEL.

AGORA É COM VOCÊS:

- PESQUISEM PARA SABER O QUE ESTÁ SENDO FEITO COM O LIXO EM SUA CIDADE. EXISTE UM PROGRAMA DE RECICLAGEM?
- CONVERSEM SOBRE A POSSIBILIDADE DA RECICLAGEM E TODAS AS SUAS VANTAGENS PARA O MEIO AMBIENTE.

DEPOIS, CONVERSEM COM SEUS FAMILIARES E, SE POSSÍVEL, COMECEM A FAZER A COLETA SELETIVA DE LIXO. CADA ALUNO DEVERÁ TRAZER, EM UM DIA ESCOLHIDO PELO PROFESSOR, RESÍDUOS SÓLIDOS PRODUZIDOS EM CASA DURANTE UM DIA.

JUNTEM TODO O MATERIAL NA ESCOLA E, COM A ORIENTAÇÃO DO PROFESSOR CLASSIFIQUEM O LIXO DE ACORDO COM O TIPO. DEPOIS PESEM AS QUANTIDADES.

VEJAM O QUE PODE SER UTILIZADO PARA ARTE E MÃOS À OBRA!

DEPOIS EXPONHAM OS TRABALHOS E INCENTIVEM AS PESSOAS A SEPARAR O LIXO TAMBÉM!

CAPÍTULO 14

MEDINDO A MASSA

VEJA O PESO DOS CÃES:

c.byatt-norman/Shutterstock/Glow Images

LABRADOR
40 QUILOS

Juniors Bildarchiv GmbH/Superstock/Glow Images

POODLE
3 QUILOS

Jasminko Ibrakovic/Shutterstock/Glow Images

BÓXER
30 QUILOS

cynoclub/Shutterstock/Glow Images

BULDOGUE
11 QUILOS

Rita Kochmarjova/Shutterstock/Glow Images

SÃO-BERNARDO
70 QUILOS

ESCREVA O NOME DAS RAÇAS DE CÃES, DO MAIS LEVE PARA O MAIS PESADO.

....

....

....

O QUILOGRAMA

PARA MEDIR A MASSA (O PESO) DE UM CORPO OU OBJETO USAMOS A BALANÇA.

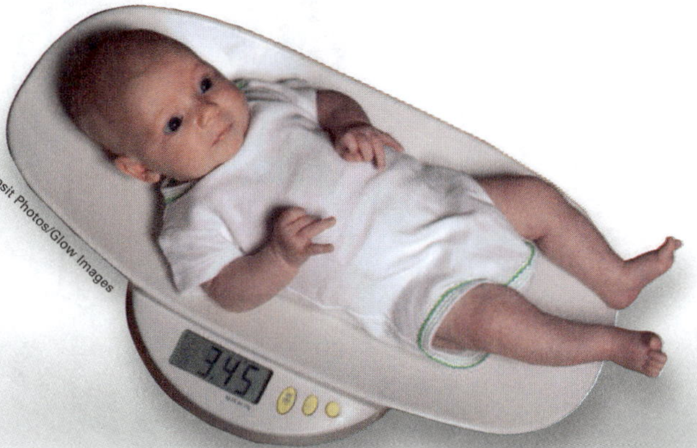

Deposit Photos/Glow Images

Veronica Louro/Arquivo da editora

USAMOS O QUILOGRAMA (**kg**) PARA MEDIR A QUANTIDADE DE MASSA DE PESSOAS, ANIMAIS, OBJETOS OU SUBSTÂNCIAS.

SAIBA MAIS

COSTUMAMOS USAR A PALAVRA **QUILO** NO LUGAR DE **QUILOGRAMA**.

5 QUILOS DE ARROZ

Fernando Favoretto/Criar Imagem

1 QUILO DE AÇUCAR

Fernando Favoretto/Criar Imagem

ATIVIDADES

1 DONA CARLA LEVOU JOANA E LUÍS PARA SE PESAREM. OBSERVE O PESO DOS DOIS E RESPONDA:

Ilustrações: Ilustra Cartoon/Arquivo da editora

- QUAL CRIANÇA É A MAIS PESADA? ....

2 AGORA ELES SUBIRAM JUNTOS NA BALANÇA. ESCREVA NO VISOR DA BALANÇA O NÚMERO QUE DEVE ESTAR MARCADO.

3 COM A AJUDA DE UM ADULTO, COMPLETE:

A) SUA ALTURA ....

B) SEU PESO ....

4 IMAGINE O PESO REAL DOS ANIMAIS E DOS OBJETOS REPRESENTADOS ABAIXO. MARQUE COM UM **X** QUAIS VOCÊ CONSEGUIRIA CARREGAR.

( )

( )

( )

( )

( )

( )

Ilustrações: Ilustra Cartoon/Arquivo da editora

- CONVERSE COM OS COLEGAS E O PROFESSOR: QUAL DESSES ITENS É O MAIS PESADO? E O MAIS LEVE?

5 OBSERVE OS PRODUTOS ABAIXO.

Sérgio Dotta Jr./Arquivo do fotógrafo

5 QUILOS

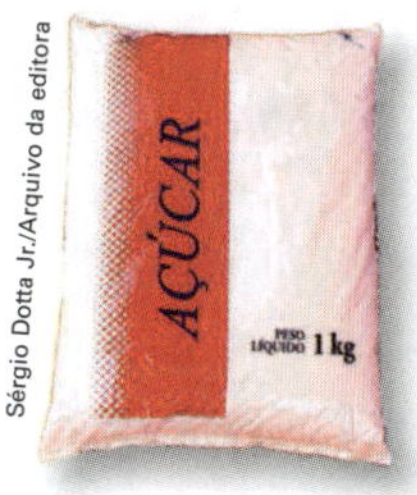

Sérgio Dotta Jr./Arquivo da editora

1 QUILO

Karam Miri/Shutterstock/Glowimages

2 QUILOS

- O PACOTE MAIS LEVE É O DE .... E O MAIS PESADO É O DE ....

CAPÍTULO 15

MEDINDO A CAPACIDADE

LEDA E O IRMÃO FORAM COM A MÃE AO MERCADO.

Ilustrações: Ilustra Cartoon/Arquivo da editora

PINTE O RECIPIENTE EM QUE CABE MAIS LÍQUIDO.

O LITRO

PARA MEDIR A QUANTIDADE DE LÍQUIDO DE UM RECIPIENTE USAMOS UMA UNIDADE DE MEDIDA CHAMADA LITRO (L).

O QUE PODEMOS MEDIR EM LITROS? MARQUE COM UM **X**.

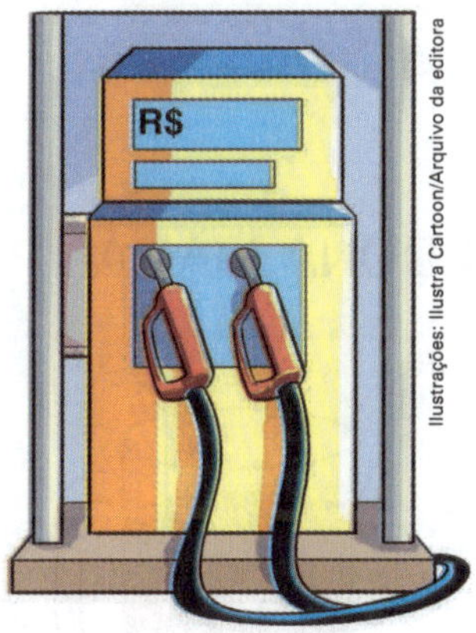

Ilustrações: Ilustra Cartoon/Arquivo da editora

ATIVIDADES

1 PARA FAZER 1 LITRO DE SUCO, RENATA USA 8 LARANJAS. FAÇA GRUPOS DE 8 LARANJAS E DEPOIS RESPONDA À QUESTÃO:

Schankz/Shutterstock

- QUANTOS LITROS DE SUCO RENATA PODERÁ FAZER COM ESSAS LARANJAS?

  ....

2 DONA MAGALI PREPAROU ESTAS QUANTIDADES DE SUCO:

SUCO DE LARANJA
3 LITROS

SUCO DE MELANCIA
1 LITRO

SUCO DE UVA
2 LITROS

Ilustrações: Avalone/Arquivo da editora

COMPLETE:

A) DONA MAGALI PREPAROU AO TODO .... LITROS DE SUCO.

B) A MAIOR QUANTIDADE FOI DE SUCO DE ....

C) O SUCO EM MENOR QUANTIDADE FOI O DE ....

3 COMO SÃO VENDIDOS OS PRODUTOS ABAIXO? POR QUILO, LITRO OU METRO? ASSINALE COM UM **X**.

PRODUTO	QUILO	LITRO	METRO

Ilustrações: Ilustra Cartoon/Arquivo da editora

IDEIAS EM AÇÃO

JOGO DA MEMÓRIA: MEDIDAS

MATERIAL NECESSÁRIO

- TESOURA SEM PONTAS
- FOLHA DO **CADERNO DE IDEIAS EM AÇÃO**

VOCÊ VAI CONFECCIONAR UM JOGO DA MEMÓRIA E VER O QUE JÁ SABE SOBRE AS MEDIDAS.

NO **CADERNO DE IDEIAS EM AÇÃO**, VOCÊ VAI ENCONTRAR UMA FOLHA DE PAPEL COM CARTAS PARA RECORTAR.

AO TODO, SÃO 16 CARTAS. EM CADA UMA DELAS, VOCÊ VAI ENCONTRAR UMA FIGURA REPRESENTANDO UMA UNIDADE DE MEDIDA.

PARA JOGAR, EMBARALHE E DISTRIBUA AS CARTAS EM UMA SUPERFÍCIE COM AS FIGURAS VOLTADAS PARA BAIXO.

AGORA É SÓ ENCONTRAR AS CARTAS QUE FORMAM PARES, OU SEJA, QUE TÊM A MESMA FIGURA.

Ilustrações: Ilustra Cartoon/Arquivo da editora

À MEDIDA QUE VOCÊ FOR ENCONTRANDO OS PARES, COLOQUE AS CARTAS EM CIMA DA FIGURA CORRESPONDENTE NO QUADRO ABAIXO.

Olga Popova/Shutterstock/Glow Images
Madlen/Shutterstock/Glow Images
Eastimages/Shutterstock/Glow Images
Edson Antunes/Arquivo da editora
Jamie Grill/JGI/Getty Images
Philippe Lissac/Glow Images
David J. Green/Alamy/Glow Images
© SIBSA Digital Pvt. Ltd./Alamy/Glow Images

CONJUNTO:

GRUPO OU COLEÇÃO.

FIGURAS GEOMÉTRICAS:

O TRIÂNGULO TEM TRÊS LADOS.

O QUADRADO E O RETÂNGULO TÊM QUATRO LADOS.

O CÍRCULO NÃO TEM LINHAS RETAS.

MEDIDAS DE CAPACIDADE:

MEDIDAS DE COMPRIMENTO:

MEDIDAS DE MASSA:

Ilustrações: Ilustra Cartoon/Arquivo da editora

MEDIDAS DE TEMPO:

NÚMERO:

IDEIA MATEMÁTICA QUE EXPRESSA UMA CERTA QUANTIDADE.

OPERAÇÕES:

A ADIÇÃO É UMA OPERAÇÃO QUE JUNTA QUANTIDADES.

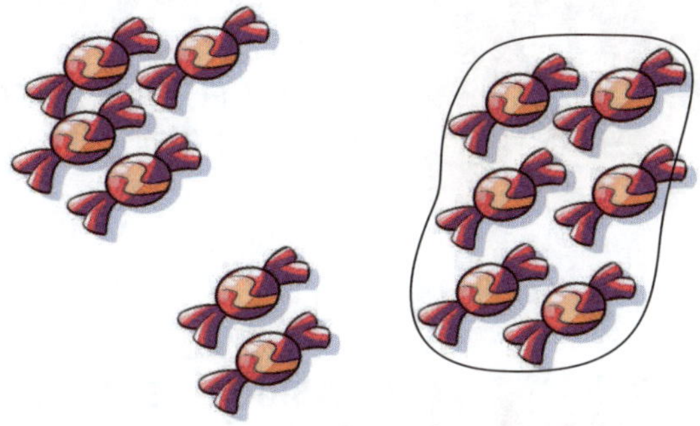

$4 + 2 = 6$

A SUBTRAÇÃO É A OPERAÇÃO QUE TIRA UMA QUANTIDADE DE OUTRA.

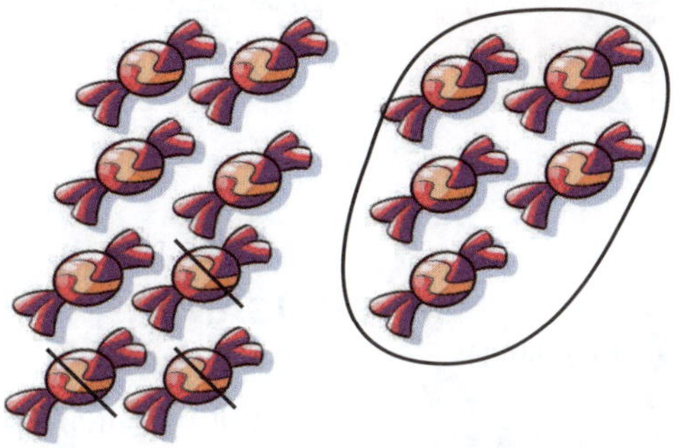

$8 - 3 = 5$

SÓLIDOS GEOMÉTRICOS:

Ilustrações: Ilustra Cartoon/Arquivo da editora

LIVROS

Reprodução/Editora de Cultura

10 GALINHAS,
DE IVO MINKOVICIUS, SÃO PAULO: EDITORA DE CULTURA.

NESSA HISTÓRIA, 10 GALINHAS COMERAM MILHO. O QUE SERÁ QUE ACONTECEU DEPOIS COM CADA UMA DELAS? DESCUBRA E APRENDA SOBRE NÚMEROS CARDINAIS E ORDINAIS.

Reprodução/Editora FTD

A FÁBRICA DE DOCES,
DE ARNALDO RODRIGUES. SÃO PAULO: FTD.

ERA UMA VEZ JOÃO E MARIA, QUE NÃO SABIAM NADA DE CULINÁRIA, MAS QUERIAM PARTICIPAR DO CONCURSO "O DOCE MAIS GOSTOSO". COM A AJUDA DO GRILO FALANTE ELES SEGUIRAM PARA A FÁBRICA DA BRUXA DOCILDA E LÁ TIVERAM A AJUDA DOS ANÕEZINHOS. O QUE SERÁ QUE ACONTECEU NESSA AVENTURA DELICIOSA?

Reprodução/Callis Editora

BUGIGANGAS,
DE HYE EUN SHIN. SÃO PAULO: CALLIS.

POR MEIO DE IMAGENS PRESENTES NO NOSSO DIA A DIA, O LIVRO MOSTRA A IMPORTÂNCIA DA RECICLAGEM. VOCÊ TAMBÉM APRENDE A RELACIONAR NÚMEROS E QUANTIDADES.

Reprodução/Editora Planeta

CAILLOU APRENDE A RECICLAR,
DE CHOUETTE. TRADUÇÃO: FLÁVIO LEMBO. SÃO PAULO: PLANETA.

CAILLOU E SEUS AMIGOS VEEM UMA NOVA LIXEIRA COM DESENHOS NA ESCOLA E COMEÇAM A FAZER PERGUNTAS PARA A PROFESSORA. NA COMPANHIA DOS PERSONAGENS VOCÊ VAI DESCOBRIR QUE ALGUMAS COISAS PODEM SER REAPROVEITADAS E APRENDER QUE É POSSÍVEL RECICLAR PAPEL, METAL, VIDRO E PLÁSTICO COM A AJUDA DE TODOS.

Reprodução/Editora Elementar

CONTAS MEIO TONTAS E FIGURAS SEM CHATURAS,
DE TATIANA BELINKY. SÃO PAULO: ELEMENTAR.

POR MEIO DE RIMAS VOCÊ VAI SE DIVERTIR COM OS NÚMEROS E APRENDER SOBRE OPERAÇÕES MATEMÁTICAS E FIGURAS GEOMÉTRICAS.

MEU ANIVERSÁRIO,
DE PILAR RAMOS. SÃO PAULO: EDITORA DO BRASIL.

ESSA É A HISTÓRIA DE UM MENINO QUE COMPLETA MAIS UM ANO. ELE VAI COMEMORAR SEU ANIVERSÁRIO COM OS PAIS E OS AMIGOS. NESSA HISTÓRIA O MENINO MOSTRA QUE MAIS IMPORTANTE DO QUE FESTA E PRESENTES É CRESCER, CONHECER MAIS COISAS À MEDIDA QUE O TEMPO VAI PASSANDO E, PRINCIPALMENTE, APRENDER A CUIDAR DE SI PRÓPRIO.

NÚMEROS,
DE ARIANA CANDELL. SÃO PAULO: COMPANHIA EDITORA NACIONAL.

COM OS NÚMEROS PODEMOS BRINCAR DE MUITAS COISAS. PARTICIPE DE ALGUMAS BRINCADEIRAS COM OS NÚMEROS DE 1 A 10 E SAIBA MAIS SOBRE ELES NESSE LIVRO.

POEMAS DE CONTAGEM E ENIGMAS POPULARES,
DE LÚCIA PIMENTEL GÓES. SÃO PAULO: PRUMO.

ESSE LIVRO APRESENTA POEMAS QUE FAZEM PARTE DO NOSSO FOLCLORE E DIVERTEM. VAMOS BRINCAR COM OS NÚMEROS E DECIFRAR ALGUMAS ADIVINHAS?

UM DIA DESSES...,
DE ANA MARIA MACHADO. SÃO PAULO: ÁTICA.

JOÃO SEMPRE PERGUNTAVA À SUA MÃE O QUE ERA UMA SEMANA. E ELA RESPONDIA QUE UMA SEMANA SÃO SETE DIAS. JOÃO SE ENROLAVA COM A EXPLICAÇÃO. SÓ PASSOU A ENTENDER MESMO QUANDO COMEÇOU A FREQUENTAR A ESCOLA: A PRIMEIRA AULA FOI NA SEGUNDA-FEIRA, E A ÚLTIMA AULA DA SEMANA NA SEXTA-FEIRA. E O SÁBADO E O DOMINGO? O FIM DE SEMANA FOI ENTÃO COMPREENDIDO APÓS UM ENCONTRO MUITO TUMULTUADO COM OS AMIGOS DA VIZINHANÇA.

UMA FESTA BEM BOLADA,
DE SIN SUN JAE. SÃO PAULO: CALLIS.

KIKA ESTÁ PLANEJANDO UMA FESTA DE ANIVERSÁRIO PARA SEU CACHORRINHO FRED. NESSA HISTÓRIA DIVERTIDA, KIKA E FRED ORGANIZAM TODOS OS PREPARATIVOS DESSA FESTA ESPECIAL, COMO A LISTA DE CONVIDADOS, OS CONVITES, A COMPRA DOS INGREDIENTES DO BOLO. COMO SERÁ ESSA FESTA?

BIBLIOGRAFIA

ALENCAR, E. M. S. S. (Org.). *Novas contribuições da Psicologia aos processos de ensino e aprendizagem*. 4. ed. São Paulo: Cortez, 2001.

ANTUNES, C. *Matemática e didática*. Petrópolis: Vozes, 2010.

ARRIBAS, T. L. *Educação Física de 3 a 8 anos*. Tradução de Fátima Murad. 7. ed. Porto Alegre: Artmed, 2002.

ASCHENBACH, M. H. C. V. *A arte-magia das dobraduras:* histórias e atividades pedagógicas com *origami*. São Paulo: Scipione, 2009.

BARRETO, F. C. *Informática descomplicada para educação:* aplicações práticas em sala de aula. São Paulo: Érica, 2014.

BICUDO, M. A. V.; BORBA, M. de C. *Educação matemática:* pesquisa em movimento. São Paulo: Cortez, 2004.

BRASIL. Ministério da Educação. Secretaria de Educação Básica. Fundo Nacional de Desenvolvimento da Educação. *Ensino Fundamental de nove anos:* orientações para a inclusão da criança de seis anos de idade. Brasília, 2006.

______. Ministério da Educação. Secretaria de Educação Básica. Fundo Nacional de Desenvolvimento da Educação. *Pró-letramento:* programa de formação continuada de professores das séries iniciais do Ensino Fundamental. Brasília, 2006. 7 v.

______. Ministério da Educação. Secretaria de Educação Fundamental. *Parâmetros Curriculares Nacionais:* introdução aos Parâmetros Curriculares Nacionais. Brasília, 1997.

______. Ministério da Educação. Secretaria de Educação Fundamental. *Parâmetros Curriculares Nacionais:* Matemática. Brasília, 1997.

______. Ministério da Educação. Secretaria de Educação Fundamental. *Referencial Curricular Nacional para a Educação Infantil*. Brasília, 1998.

CARVALHO, D. L. de. *Metodologia do ensino da Matemática*. 2. ed. São Paulo: Cortez, 1994. (Magistério 2º grau/formação do professor).

CENTURIÓN, M. *Números e operações:* conteúdo e metodologia da Matemática. São Paulo: Scipione, 1995.

CERQUETTI-ABERKANE, F.; BERDONNEAU, C. *O ensino da Matemática na Educação Infantil*. Tradução de Eunice Gruman. Porto Alegre: Artmed, 1997.

CÓRIA-SABINE, M. A.; LUCENA, R. F. *Jogos e brincadeiras na Educação Infantil*. Campinas: Papirus, 2004. (Papirus Educação).

CUBERES, M. T. G. *Educação Infantil e séries iniciais:* articulação para a alfabetização. Tradução de Cláudia Schilling. Porto Alegre: Artmed, 1997.

CUNHA, N. H. S. *Criar para brincar:* a sucata como recurso pedagógico. São Paulo: Aquariana, 2005.

DANTE, L. R. *Didática da Matemática na Pré-Escola:* por que, o que e como trabalhar as primeiras ideias matemáticas. São Paulo: Ática, 2007.

______. *Formulação e resolução de problemas de Matemática:* teoria e prática. São Paulo: Ática, 2009.

DEVLIN, K. *O gene da Matemática*. Tradução de Sérgio Moraes Rego. 2. ed. Rio de Janeiro: Record, 2005.

DEVRIES, R. et al. *O currículo construtivista na Educação Infantil:* práticas e atividades. Tradução de Vinicius Figueira. Porto Alegre: Artmed, 2004.

FAINGUELERNT, E. K.; NUNES K. R. A. *Fazendo arte com a Matemática*. Porto Alegre: Artmed, 2006.

FAYOL, M. *A criança e o número:* da contagem à resolução de problemas. Tradução de Rosana Severino Di Leone. Porto Alegre: Artmed, 1996.

FONSECA, M. da C. F. R. (Org.). *Letramento no Brasil:* habilidades matemáticas: reflexões a partir do Inaf 2002. São Paulo: Global/Ação Educativa Assessoria, Pesquisa e Informação/Instituto Paulo Montenegro, 2004.

FRIEDMANN, A. *Brincar:* crescer e aprender: o resgate do jogo infantil. São Paulo: Moderna, 1996.

GOLBERT, C. S. *Matemática nas séries iniciais:* sistema decimal de numeração. Porto Alegre: Mediação, 1999.

GOULART, I. B. *Piaget:* experiências básicas para utilização pelo professor. 20. ed. Petrópolis: Vozes, 2003.

GUELLI, O. *A invenção dos números*. São Paulo: Ática, 1996.

HAEUSSLER, I. M.; RODRÍGUEZ, S. *Manual de estimulação do pré-escolar:* um guia para pais e educadores. Tradução de Magda Lopes. São Paulo: Planeta do Brasil, 2005. (Temas de hoje).

HUETE, J. C. S.; BRAVO, J. A. F. *O ensino da Matemática:* fundamentos teóricos e bases psicopedagógicas. Tradução de Ernani Rosa. Porto Alegre: Artmed, 2006.

JARANDILHA, D. *Matemática já não é problema*. São Paulo: Cortez, 2005.

KAMII, C. *A criança e o número:* implicações educacionais da teoria de Piaget para a atuação junto a escolares de 4 a 6 anos. Tradução de Regina A. de Assis. 35. ed. Campinas: Papirus, 2007.

______; DEVRIES, R. *Piaget para a educação pré-escolar*. Tradução de Maria Alice Bade Danesi. Porto Alegre: Artmed, 1991.

______; JOSEPH, L. L. *Crianças pequenas continuam reinventando a aritmética (séries iniciais):* implicações da teoria de Piaget. Tradução de Vinicius Figueira. 2. ed. Porto Alegre: Artmed, 2005.

KENSKI, V. M. *Educação e tecnologias:* o novo ritmo da informação. Campinas: Papiros, 2012.

LORENZATO, S. *Para aprender Matemática*. Campinas: Autores Associados, 2006. (Formação de professores).

LUCKESI, C. C. *Avaliação da aprendizagem escolar:* estudos e proposições. 18. ed. São Paulo: Cortez, 2006.

MACHADO, M. M. *O brinquedo-sucata e a criança:* importância do brincar: atividades e materiais. São Paulo: Loyola, 2001.

MACHADO, N. J. *Matemática e educação:* alegorias, tecnologias e temas afins. 4. ed. São Paulo: Cortez, 2002. v. 2. (Questões da nossa época).

MARINCEK, V. (Org.). *Aprender Matemática resolvendo problemas*. Porto Alegre: Artmed, 2001. (Cadernos da Escola da Vila, 5).

MENDES, I. A. *Investigação histórica no ensino da Matemática*. Rio de Janeiro: Ciência Moderna, 2009.

MOYSÉS, L. *Aplicações de Vygotsky à educação matemática*. Campinas: Papirus. 1997.

OLIVEIRA, G. de C. *Psicomotricidade:* educação e reeducação num enfoque psicopedagógico. Petrópolis: Vozes, 1997.

PALHARES, P. (Coord.). *Elementos de Matemática para professores do Ensino Básico*. Lisboa: Edições Lidel, 2004.

PANIAGUA, G.; PALACIOS, J. *Educação Infantil:* resposta educativa à diversidade. Tradução de Fátima Murad. Porto Alegre: Artmed, 2007.

PANIZZA, M. (Org.). *Ensinar Matemática na Educação Infantil e nas séries iniciais:* análise e propostas. Tradução de Antonio Feltrin. Porto Alegre: Artmed, 2006.

PARRA, C.; SAIZ, I. (Org.). *Didática da Matemática:* reflexões psicopedagógicas. Tradução de Juan Acuña Llorens. Porto Alegre: Artmed, 2001.

PERRENOUD, P. et al. *A escola de A a Z:* 26 maneiras de repensar a educação. Porto Alegre: Artmed, 2005.

RABELO, E. H. *Textos matemáticos:* produção, interpretação e resolução de problemas. Petrópolis: Vozes, 2004.

RÊGO, R. G.; RÊGO, R. M. *Matematicativa*. São Paulo: Autores Associados, 2009.

REIS, S. M. G. dos. *A Matemática no cotidiano infantil:* jogos e atividades com crianças de 3 a 6 anos para o desenvolvimento do raciocínio lógico-matemático. Campinas: Papirus, 2006. (Atividades).

Revista da Faculdade de Educação da Universidade Federal Fluminense. *Movimento:* prática pedagógica: prática dialógica. Rio de Janeiro: DP&A, n. 3, maio 2001.

SÁNCHEZ, P. A.; MARTINEZ, M. R.; PEÑALVER, I. V. *A psicomotricidade na Educação Infantil:* uma prática preventiva e educativa. Tradução de Inajara Haubert Rodrigues. Porto Alegre: Artmed, 2003.

SCHILLER, P.; ROSSANO, J. *Ensinar e aprender brincando:* mais de 750 atividades para Educação Infantil. Tradução de Ronaldo Cataldo Costa. Porto Alegre: Artmed, 2008.

SMOLE, K. C. S. *A Matemática na Educação Infantil:* a teoria das inteligências múltiplas na prática escolar. Porto Alegre: Artmed, 1996.

______; DINIZ, M. I. (Org.). *Ler, escrever e resolver problemas:* habilidades básicas para aprender Matemática. Porto Alegre: Artmed, 2001.

SMOLE, K. C. S.; DINIZ, M. I.; CÂNDIDO, P. (Org.). *Brincadeiras infantis nas aulas de Matemática*. Porto Alegre: Artmed, 2000. v. 1. (Matemática de 0 a 6).

______. *Figuras e formas*. Porto Alegre: Artmed, 2003. v. 3. (Matemática de 0 a 6).

______. *Jogos de Matemática de 1º a 5º ano*. Porto Alegre: Artmed, 2007. (Cadernos do Mathema).

______. *Resolução de problemas*. Porto Alegre: Artmed, 2000. v. 1. (Matemática de 0 a 6).

SMOLE, K. C. S.; DINIZ, M. I.; STANCANELL, R. *Matemática e literatura infantil*. Belo Horizonte: Lê, 1999.

SPODEK. B.; SARACHO, O. N. *Ensinando crianças de três a oito anos*. Tradução de Cláudia Oliveira Dornelles. Porto Alegre: Artmed, 1998.

SUTHERLAND, R. *Ensino eficaz de Matemática*. Porto Alegre: Artmed, 2009.

TAJRA, S. F. *Informática na educação:* professor na atualidade. São Paulo: Érica, 1998.

TOLEDO, M. *Didática de Matemática:* como dois e dois: a construção da Matemática. São Paulo: FTD, 1997. (Conteúdo e metodologia).

VILA, A.; CALLEJO, M. L. *Matemática para aprender a pensar:* o papel das crenças na resolução de problemas. Tradução de Ernani Rosa. Porto Alegre: Artmed, 2006.

MATERIAL DE APOIO

1º ANO

REVISTA BRINCANDO COM A MATEMÁTICA

Lorelyn Medina/Shutterstock/Glow Images

editora scipione

Sumário

NESTA REVISTA VOCÊ VAI ENCONTRAR:

LEITURA

A LINHA ASSANHADA

ERA UMA LINHA ASSANHADA
ERA TUDO E QUASE NADA
ERA UM RETÂNGULO
UM QUADRADO
UM CÍRCULO OU
UM TRIÂNGULO

ERA TORTA,
RETA, CURVA,
SEMIRRETA

NADA SABIA DE GEOMETRIA
MAS GEOMETRAVA COMO NINGUÉM

Ilustrações: MW Editora Ilustrações Ltda./Arquivo da editora

A LINHA ASSANHADA, DE CARLOS JORGE. BELO HORIZONTE: DIMENSÃO, 1991.

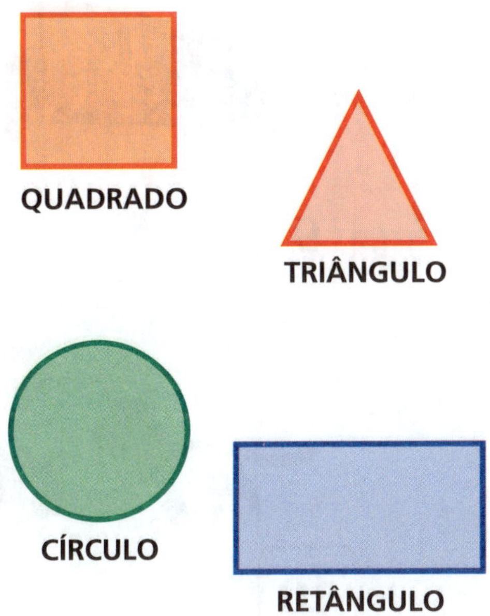

CALCULANDO

QUANTOS, QUANTAS?

VEJA QUANTOS OBJETOS OU SERES VIVOS HÁ EM CADA IMAGEM. CIRCULE O VALOR CORRESPONDENTE E DEPOIS ESCREVA O NÚMERO NO ESPAÇO AO LADO.

5 7 8 ....

4 5 6 ....

9 4 6 ....

10 7 9 ....

Ilustrações: MW Editora Ilustrações Ltda./ Arquivo da editora

DESAFIO

ESCOLA SOLIDÁRIA

A ESCOLA DE JÚLIA ESTÁ ARRECADANDO ROUPAS PARA DOAR A ENTIDADES CARENTES.

Ilustrações: MW Editora Ilustrações Ltda./Arquivo da editora

A DIRETORA DECIDIU CALCULAR QUAL TURMA ARRECADOU MAIS CAIXAS DE ROUPAS.

OBSERVE O QUADRO E DEPOIS COMPLETE AS FRASES.

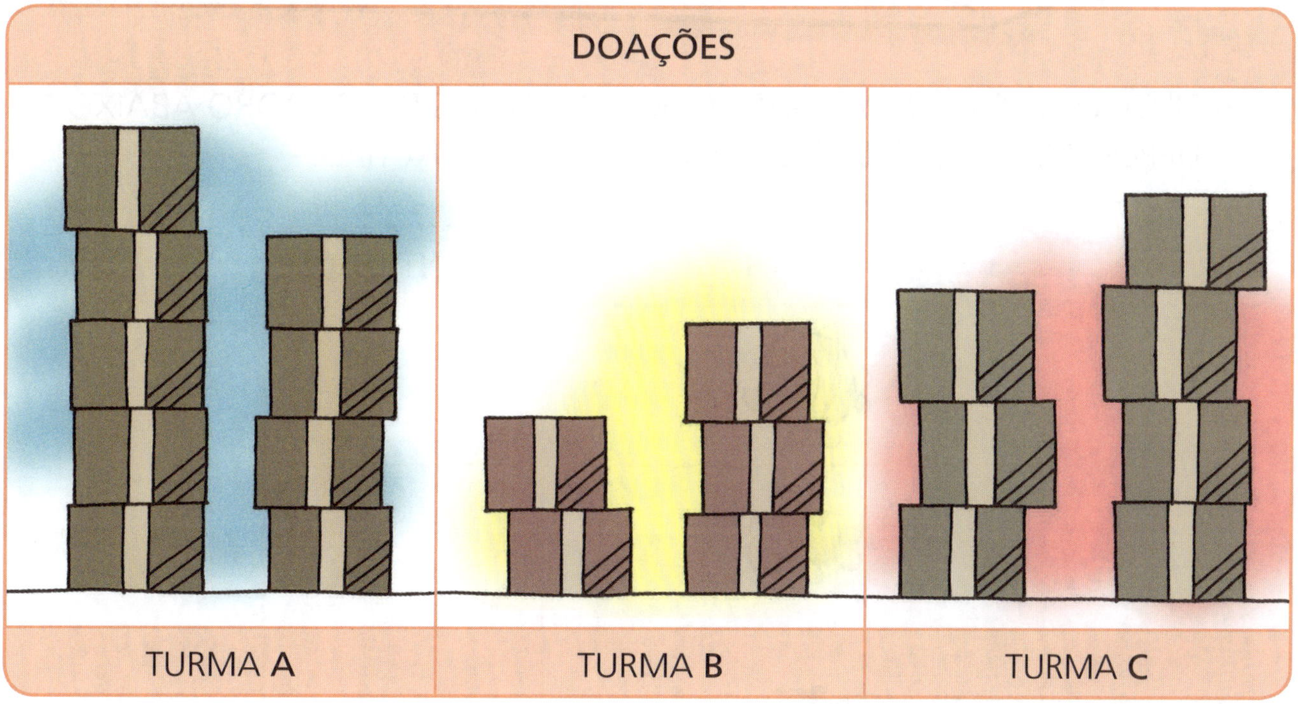

A TURMA QUE MAIS ROUPAS ARRECADOU FOI A ...., QUE JUNTOU .... CAIXAS. A TURMA .... FOI A SEGUNDA, POIS CONSEGUIU .... CAIXAS. A TURMA COM MENOR NÚMERO DE DOAÇÕES FOI A ....

DESAFIO

PEIXES POR TODOS OS LADOS

Ilustrações: Ilustra Cartoon/Arquivo da editora

- PINTE OS PEIXES NO AQUÁRIO. SIGA AS CORES DO QUADRO ABAIXO E DEPOIS MARQUE QUANTOS PEIXES HÁ DE CADA TIPO.

PEIXES	QUANTIDADE
	....
	....
	....
	....

CORRIDA DO PAR OU ÍMPAR

NAS PRÓXIMAS PÁGINAS, VOCÊS VÃO ENCONTRAR UM JOGO MUITO DIVERTIDO.

VOCÊ VAI PRECISAR DE:

- 2 DADOS;
- 2 BOTÕES COLORIDOS.

REGRAS DO JOGO:

FORMEM DUPLAS. JOGUEM O DADO, E AQUELE QUE TIRAR O MAIOR NÚMERO INICIA O JOGO.

CADA JOGADOR ESCOLHE UM BOTÃO E O COLOCA NA LARGADA.

O JOGO CONSISTE EM LANÇAR OS DOIS DADOS E SOMAR OS PONTOS. SE A SOMA DELES FOR UM NÚMERO PAR, DEVE-SE AVANÇAR DUAS CASAS. SE FOR UM NÚMERO ÍMPAR, O JOGADOR VAI AVANÇAR SOMENTE UMA CASA.

NÃO SE ESQUEÇAM DE SEGUIR AS INSTRUÇÕES DAS CASAS ONDE O BOTÃO CAIR.

VENCE A CORRIDA QUEM ALCANÇAR A CHEGADA PRIMEIRO.

Ilustra Cartoon/Arquivo da editora

Ilustra Cartoon/Arquivo da editora

40
PARE 2 JOGADAS PARA DESCANSAR.
41
42
43
VOLTE PARA A CASA 35 E SÓ SAIA DE LÁ QUANDO TIRAR UM NÚMERO ÍMPAR.
39
44
38
45
37
AVANCE ATÉ O PRÓXIMO NÚMERO ÍMPAR.
46
AVANCE ATÉ O PRÓXIMO NÚMERO PAR.
36
47
35
48
34
49
33
PARE 1 JOGADA PARA BEBER ÁGUA.
CHEGADA
50
VOCÊ VENCEU A CORRIDA!
29
30
QUE SEDE! VÁ ATÉ O BEBEDOURO DA CASA 33.
32
31

DESAFIO

Ilustrações: Ilustra Cartoon/Arquivo da editora

DESCUBRA O INTRUSO

OBSERVE AS FIGURAS E MARQUE QUAIS ELEMENTOS NÃO FAZEM PARTE DOS GRUPOS. DEPOIS, COMPLETE AS FRASES.

O INTRUSO DO GRUPO É

...., POIS

NÃO É ....

O INTRUSO DO GRUPO É

...., PORQUE

NÃO É ....

O INTRUSO DESTE GRUPO É

....,

PORQUE NÃO É ....

....

O INTRUSO DESTE GRUPO É O

NÚMERO ....,

POIS O GRUPO É DE ....

....

CALCULANDO

QUAL É O TIME VENCEDOR?

A ESCOLA PROMOVEU UM CAMPEONATO DE FUTEBOL PARA AJUDAR UM ABRIGO DE ANIMAIS. O INGRESSO PARA OS JOGOS ERA UM PACOTE DE RAÇÃO.

QUER SABER QUEM PONTUOU MAIS?

- SOME OS NÚMEROS ÍMPARES E VEJA QUANTOS GOLS MARCOU O TIME **A**.
- O NÚMERO DE GOLS DO TIME **B** É A SOMA DOS NÚMEROS PARES.

Ilustra Cartoon/Arquivo da editora

MW Editora Ilustrações Ltda./Arquivo da editora

O TIME **A** FEZ .... GOLS.

O TIME **B** FEZ .... GOLS.

QUANTO PESA?

CALCULE O PESO DO CONTEÚDO DE CADA CESTA. SIGA O EXEMPLO.

Ilustrações: MW Editora Ilustrações Ltda./Arquivo da editora

2 + 1 + 1 + 1 = 5 quilos

.... + ... + ... = ...

.... + ... + ... = ...

- QUAL É A CESTA MAIS PESADA?

....

FIQUE SABENDO

A GEOMETRIA NO TEMPO

NO EGITO ANTIGO, AS DEMARCAÇÕES NOS TERRENOS À MARGEM DO RIO NILO SE PERDIAM NA ÉPOCA DAS CHEIAS. POR CAUSA DISSO, DESENVOLVEU-SE LÁ UMA MANEIRA PRÁTICA DE MEDIR OS LOTES, DIVIDINDO-OS EM QUADRADOS OU RETÂNGULOS E CALCULANDO O ESPAÇO QUE ELES OCUPAVAM. ASSIM COMEÇOU A GEOMETRIA.

Ilustrações: MW Editora Ilustrações Ltda./Arquivo da editora

MUITOS ESTUDIOSOS DA ANTIGUIDADE FORAM RESPONSÁVEIS POR GRANDES DESCOBERTAS DA GEOMETRIA. TALES DE MILETO, POR EXEMPLO, QUE VIVEU NA GRÉCIA NO SÉCULO VII A.C., CONSEGUIU CALCULAR A ALTURA DAS PIRÂMIDES MEDINDO SUAS SOMBRAS. E NO SÉCULO III, NO EGITO, PTOLOMEU PROVOU A RELAÇÃO ENTRE GEOMETRIA E GEOGRAFIA, SENDO O PRIMEIRO A DIZER QUE A TERRA É REDONDA.

A GEOMETRIA NO TEMPO. REVISTA **NOVA ESCOLA – EDIÇÃO ESPECIAL MATEMÁTICA**. SÃO PAULO: ABRIL, N. 27, SET. 2009. P. 54-55. (TEXTO ADAPTADO).

VOCÊ EM AÇÃO

UMA VILA GEOMÉTRICA

- RECORTE AS FORMAS GEOMÉTRICAS DA PÁGINA SEGUINTE E CRIE UMA VILA. VOCÊ PODE ENRIQUECÊ-LA COM DESENHOS OU FAZENDO COLAGENS.

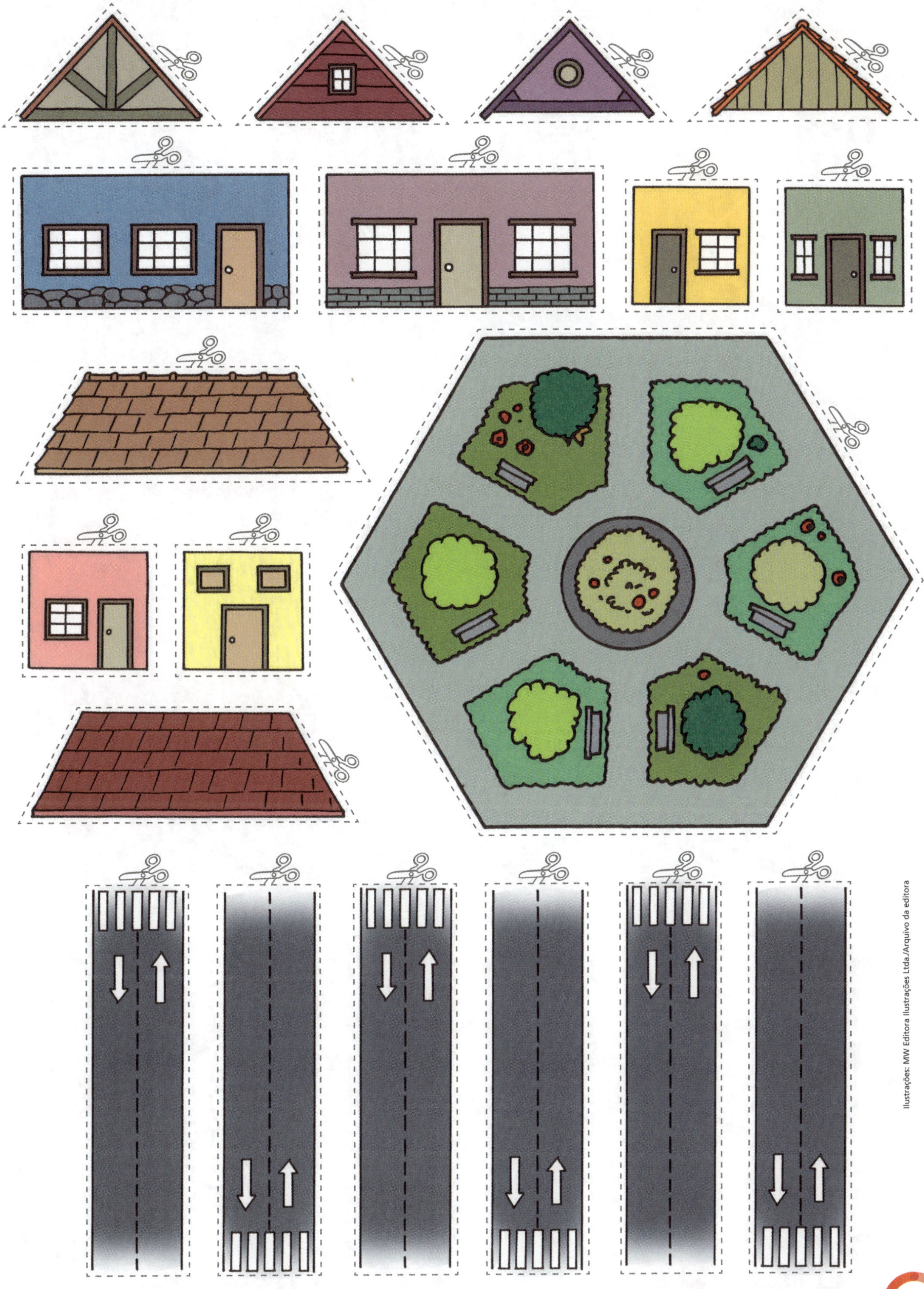

Ilustrações: MW Editora Ilustrações Ltda./Arquivo da editora

VOCÊ EM AÇÃO

FIGURAS, CORES E FORMAS

RECORTE AS FIGURAS ABAIXO E RESPONDA ÀS QUESTÕES.
DEPOIS, UTILIZE ESSAS FIGURAS GEOMÉTRICAS PARA DECORAR SEU CADERNO.

MW Editora Ilustrações Ltda./Arquivo da editora

- QUANTAS FIGURAS TÊM A COR:

AZUL ☐ VERDE ☐

AMARELA ☐ VERMELHA ☐

- QUANTAS FIGURAS TÊM:

3 LADOS ☐ 4 LADOS ☐

5 LADOS ☐ 6 LADOS ☐

- QUANTAS FIGURAS TÊM:

3 LADOS E A COR VERDE ☐

4 LADOS E A COR VERMELHA ☐

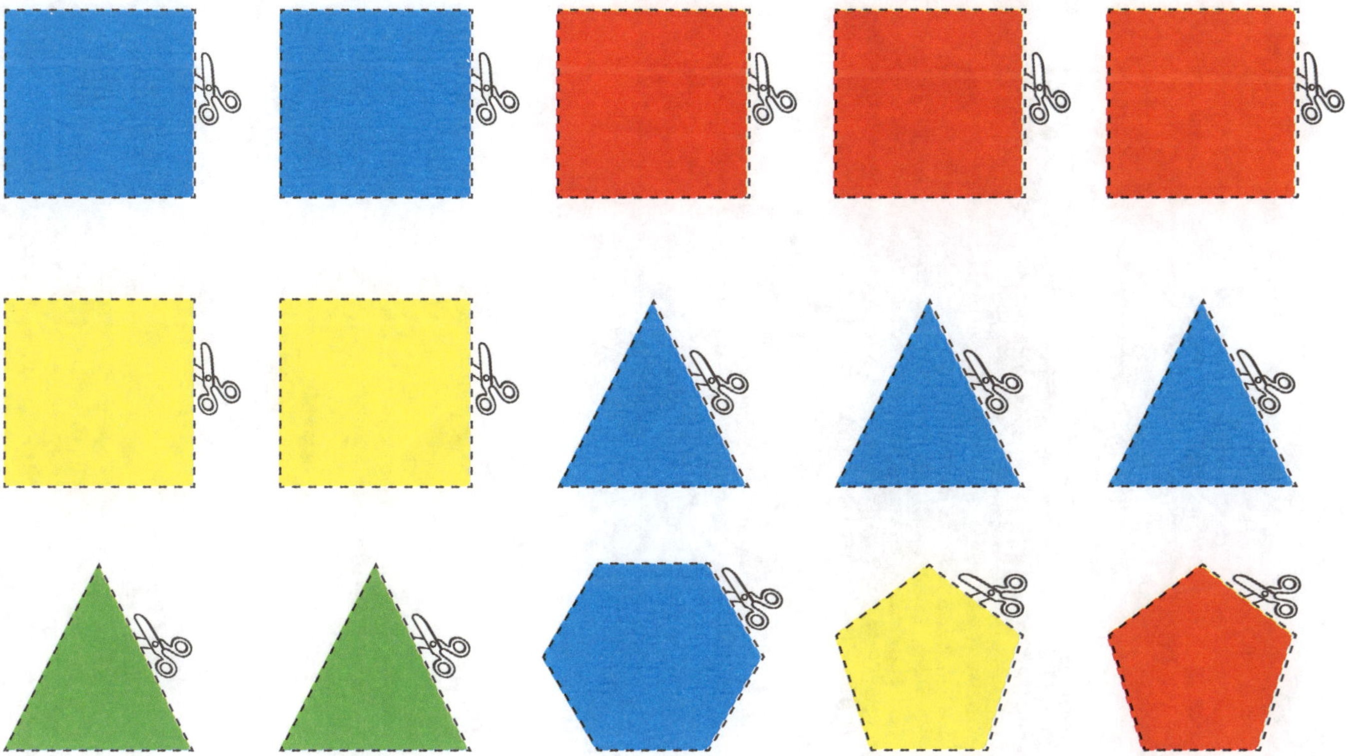

CONTAR, CONTAR, CONTAR...

Ilustrações: MW Editora Ilustrações Ltda./Arquivo da editora

HÁ QUANTAS ASAS? ....

HÁ QUANTAS RODAS? ....

HÁ QUANTAS ANTENAS? ....

HÁ QUANTOS PÉS? ....

DESAFIO

CARTELA DE NÚMEROS

OBSERVE ESTA CARTELA COM OS NÚMEROS DE 1 A 100.

Ilustrações: MW Editora Ilustrações Ltda./ Arquivo da editora

1	2	3	4	5	6	7	8	9	10
11	12	13	14	15	16	17	18	19	20
21	22	23	24	25	26	27	28	29	30
31	32	33	34	35	36	37	38	39	40
41	42	43	44	45	46	47	48	49	50
51	52	53	54	55	56	57	58	59	60
61	62	63	64	65	66	67	68	69	70
71	72	73	74	75	76	77	78	79	80
81	82	83	84	85	86	87	88	89	90
91	92	93	94	95	96	97	98	99	100

DESAFIO

OS NÚMEROS SUMIRAM!

EM ALGUMAS PARTES DA CARTELA OS NÚMEROS SUMIRAM.

CONSULTE A PÁGINA ANTERIOR PARA DESCOBRIR OS NÚMEROS QUE FALTAM EM CADA PARTE DA CARTELA E COMPLETE-A.

	2	
	12	13

	18	
		29
	38	
47		

		69	70
77			
	88		
			100

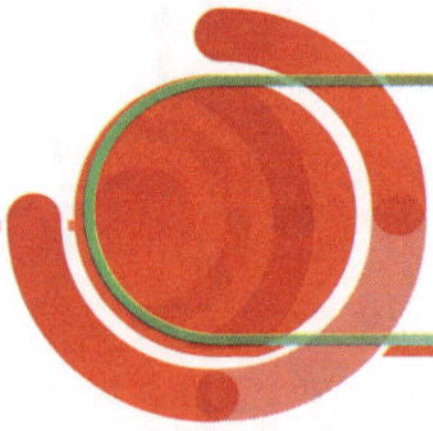

CALCULANDO

QUANTOS OVOS?

LEIA O TEXTO A SEGUIR COM SEUS COLEGAS DE CLASSE.

DE UMA CAIXA DE OVOS COMPLETA, TODOS UTILIZEI.

VEJAM...

A CAIXA FICOU VAZIA.

TRÊS BOLOS JÁ PREPAREI E COM UM DELES ME LAMBUZEI!

- QUANTOS OVOS FORAM USADOS PARA FAZER OS TRÊS BOLOS? VEJA A CAIXA E DESCUBRA. DEPOIS ESCREVA O NÚMERO.

....

Ilustrações: MW Editora Ilustrações Ltda./Arquivo da editora

O NÚMERO QUE VOCÊ ESCREVEU EQUIVALE A UMA DÚZIA.

- SUBSTITUA OS SÍMBOLOS PELAS LETRAS CORRESPONDENTES E VEJA SE VOCÊ ACERTOU A RESPOSTA.

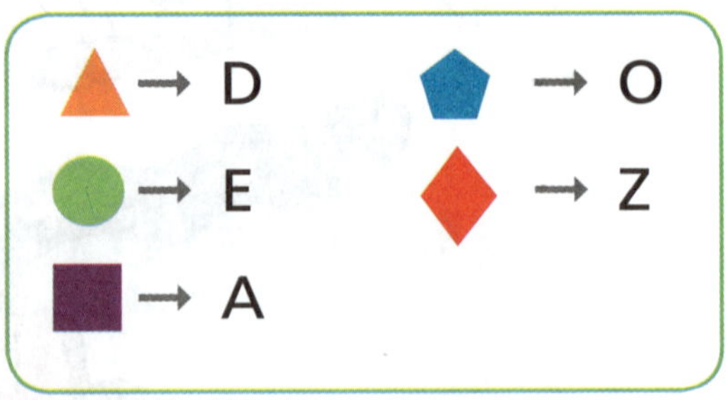

....

MATERIAL DE APOIO

1º ANO

CADERNO DE CRIATIVIDADE E ALEGRIA

Goritza/Shutterstock/Glow Images

editora scipione

A ARCA DE NOÉ

VOCÊ CONHECE A HISTÓRIA DA ARCA DE NOÉ? ELE CONSTRUIU UM NAVIO PARA LEVAR UM CASAL DE ANIMAIS DE CADA ESPÉCIE PARA SALVÁ-LOS DE UM DILÚVIO. QUE TAL FAZER UMA DOBRADURA DESSE NAVIO?

CASCO

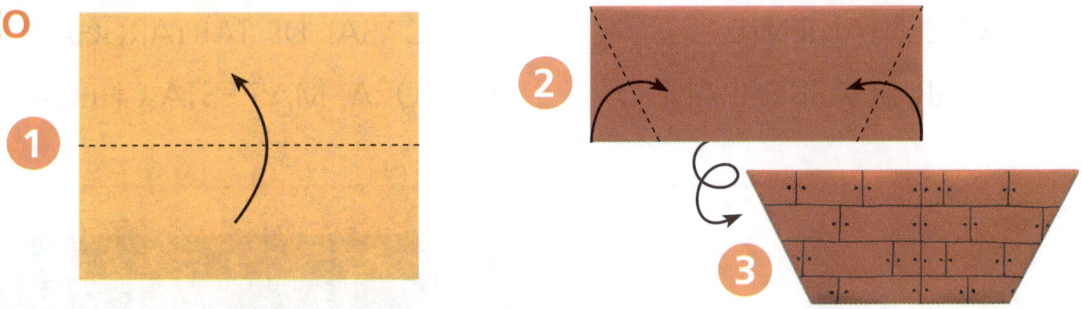

PAREDE

TETO

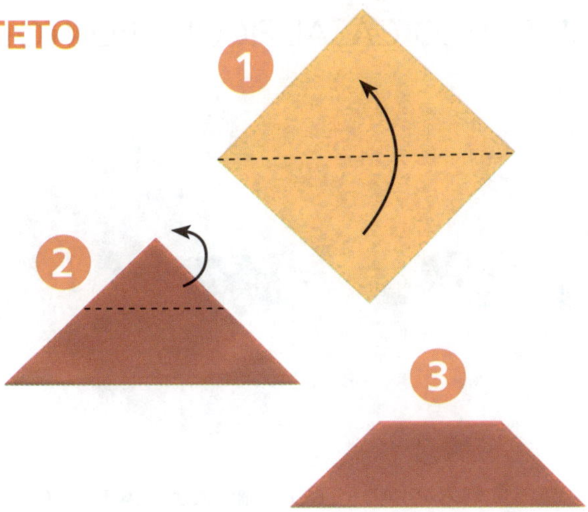

A ARCA FICOU PRONTA!

Fotos: Arquivo da editora

DOBRADURA BASEADA NO LIVRO **A ARCA DE NOÉ**, DE GLÁUCIA LOMBARDI. SÃO PAULO: PAULUS, 1998.

AS TARTARUGAS

AGORA LENTAMENTE
DEVAGAR QUASE PARANDO

UM CASAL DE TARTARUGAS
DEMORA, MAS ESTÁ CHEGANDO.

CORPO

CABEÇA

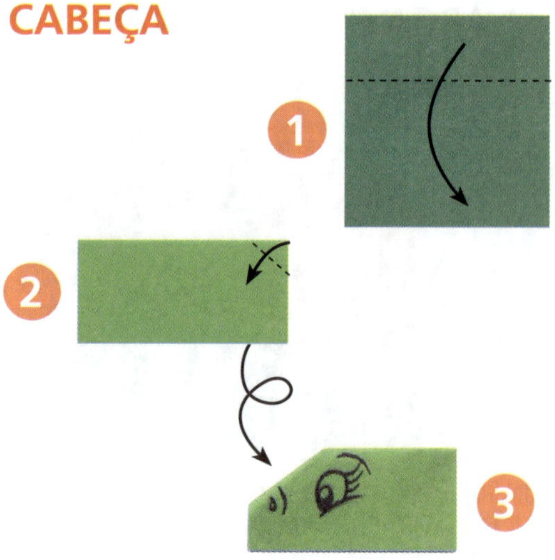

O SIMPÁTICO CASAL FICOU PRONTO!

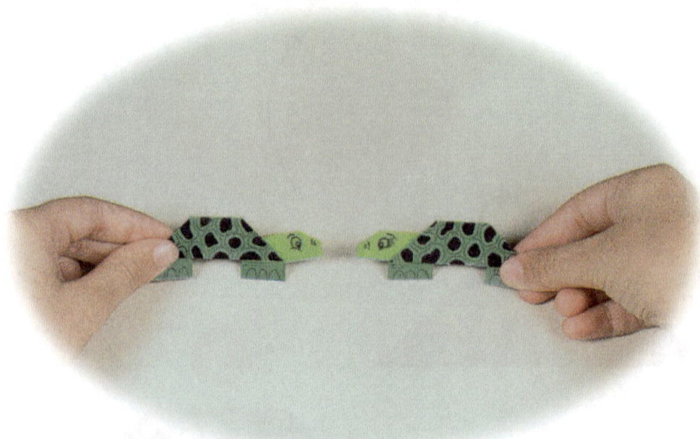

Fotos: Arquivo da editora

DOBRADURAS BASEADAS NO LIVRO **A ARCA DE NOÉ**, DE GLÁUCIA LOMBARDI. SÃO PAULO: PAULUS, 1998.

PAPEL PARA DOBRADURA: A ARCA DE NOÉ

PAPEL PARA DOBRADURAS: AS TARTARUGAS

O GATINHO E A GATINHA

MIAU, MIAU, MIAU,
SE APROXIMAM BEM CONTENTES
UM GATINHO E UMA GATINHA
SE ACOMODAM PACIENTES.

CORPO

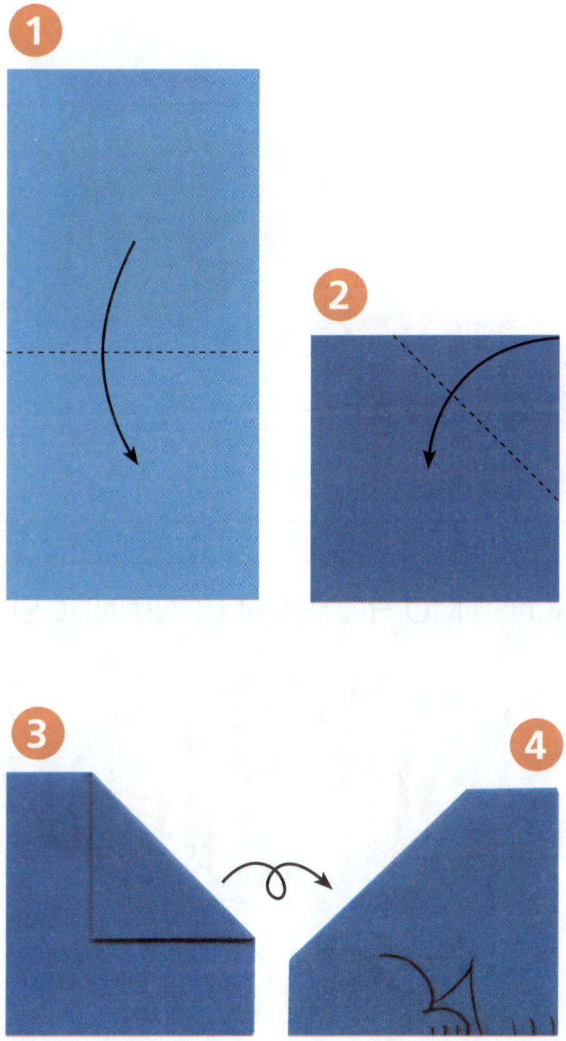

CABEÇA

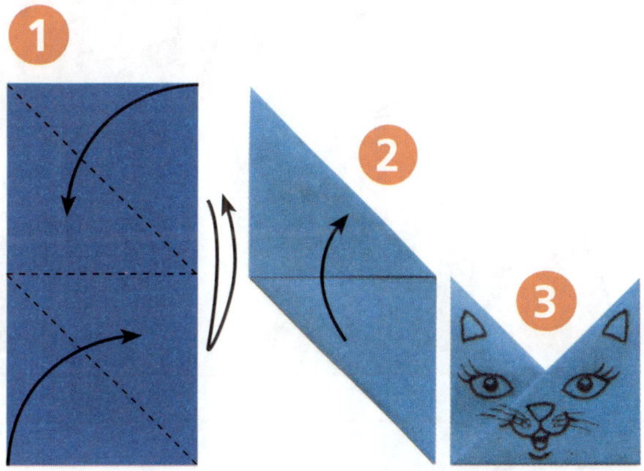

VEJA COMO FICARAM!

Fotos: Arquivo da editora

DOBRADURAS BASEADAS NO LIVRO **A FAZENDA**, DE GLÁUCIA LOMBARDI. SÃO PAULO: PAULUS, 1996.

O COELHO E A COELHA

PULANDO, PULANDO BEM ALTO
QUEM VEM LÁ,
QUEM VEM LÁ?

É O COELHO COM A COELHA
SALTITANDO SEM PARAR.

CORPO

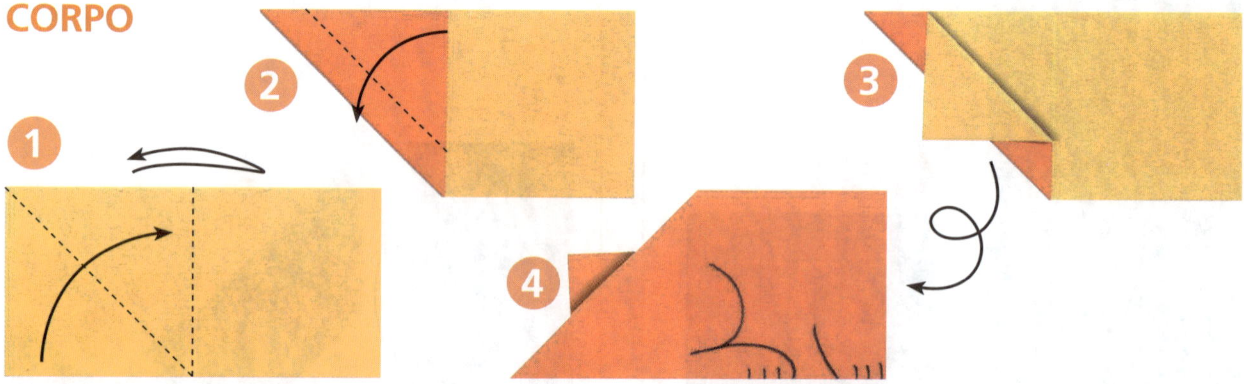

CABEÇA

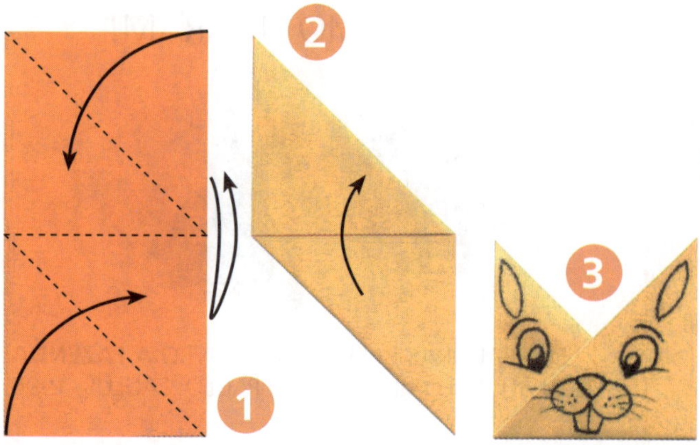

VEJA SÓ COMO FICARAM BONITINHOS!

Fotos: Arquivo da editora

DOBRADURAS BASEADAS NO LIVRO
A FAZENDA, DE GLÁUCIA LOMBARDI.
SÃO PAULO: PAULUS, 1996.

PAPEL PARA DOBRADURAS: O GATINHO E A GATINHA

PAPEL PARA DOBRADURAS: O COELHO E A COELHA

PAPEL PARA DOBRADURAS: O LEÃO E A LEOA

O LEÃO E A LEOA

E AGORA, MINHA GENTE,
QUEM NÃO PODERIA FALTAR?
O LEÃO E A LEOA
ESTÃO CHEGANDO NUMA BOA!

CORPO

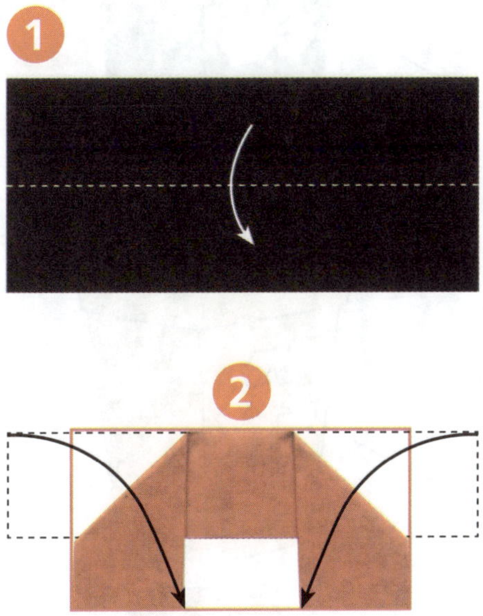

JUBA

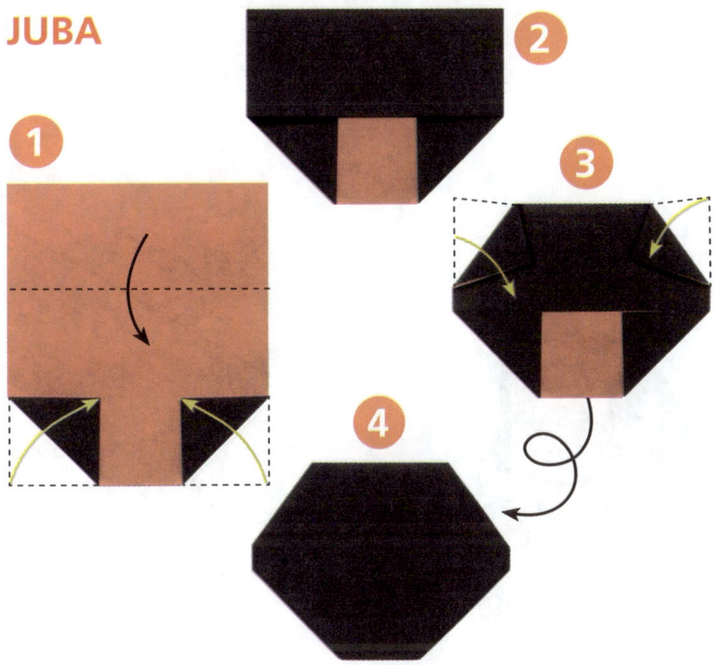

CABEÇA

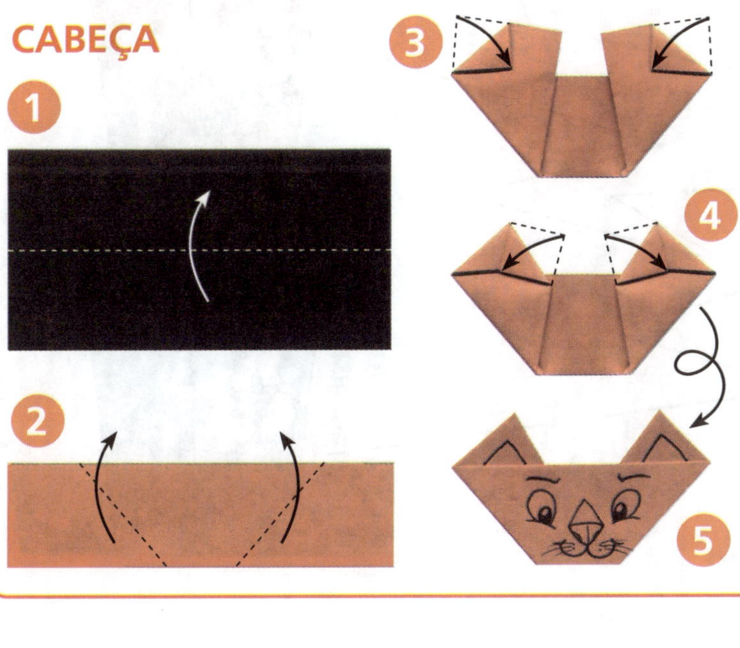

LINDOS!

Fotos: Arquivo da editora

DOBRADURAS BASEADAS NO LIVRO
A ARCA DE NOÉ, DE GLÁUCIA LOMBARDI.
SÃO PAULO: PAULUS, 1998.

O CAMINHO DA RECICLAGEM

ADRIANA ACABOU DE TOMAR UM SUCO E PRECISA JOGAR A LATINHA NO LIXO. USANDO UMA RÉGUA, DESCUBRA QUAL O É CAMINHO MAIS CURTO PARA A LIXEIRA CORRETA.

MW Editora Ilustrações Ltda./Arquivo da editora

QUANTOS LADOS?

DESTAQUE AS FORMAS GEOMÉTRICAS DA PÁGINA 21 E COLE-AS NO ESPAÇO ABAIXO, ORGANIZANDO-AS CONFORME O NÚMERO DE LADOS.

3 LADOS

4 LADOS

5 LADOS

TANGRAM

INDIOZINHOS

UM, DOIS, TRÊS INDIOZINHOS
QUATRO, CINCO, SEIS INDIOZINHOS
SETE, OITO, NOVE INDIOZINHOS
DEZ NUM PEQUENO BOTE
VINHAM NAVEGANDO PELO RIO ABAIXO
QUANDO O JACARÉ SE APROXIMOU
E O PEQUENO BOTE DOS INDIOZINHOS
QUASE, QUASE VIROU
MAS NÃO VIROU!

CANTIGA POPULAR.

DESTAQUE O TANGRAM DA PÁGINA 23. USANDO AS PEÇAS, MONTE UM INDIOZINHO. DEPOIS TENTE FAZER TAMBÉM AS FIGURAS ABAIXO.

POLÍGONOS

DESTAQUE OS POLÍGONOS ABAIXO E COLE-OS NA PÁGINA 19, CONFORME O NÚMERO DE LADOS.

O REAL

NOME:

ANO:

DOBRE.

COLE A

COLE A

COLE B

COLE B

DOBRE.

O REAL

MOEDAS E CÉDULAS PARA VOCÊ UTILIZAR NA PÁGINA 33 E SEMPRE QUE FOR NECESSÁRIO.

Reprodução: Casa da Moeda do Brasil/ Ministério da Fazenda

BANCO CENTRAL DO BRASIL
C A 051246001
100
100
CEM REAIS
C A 051246001

BANCO CENTRAL DO BRASIL
C A 051246001
100
100
CEM REAIS
C A 051246001

BANCO CENTRAL DO BRASIL
C A 017267290
50
50
CINQUENTA REAIS
C A 017267290

BANCO CENTRAL DO BRASIL
C A 017267290
50
50
CINQUENTA REAIS
C A 017267290

BANCO CENTRAL DO BRASIL
A E 015088398
20
20
VINTE REAIS
A E 015088398

BANCO CENTRAL DO BRASIL
A E 015088398
20
20
VINTE REAIS
A E 015088398

BANCO CENTRAL DO BRASIL
A E 015088398
20
20
VINTE REAIS
A E 015088398

BANCO CENTRAL DO BRASIL
A E 015088398
20
20
VINTE REAIS
A E 015088398

BANCO CENTRAL DO BRASIL
A F 041679634
10
10
DEZ REAIS
A F 041679634

BANCO CENTRAL DO BRASIL
A F 041679634
10
10
DEZ REAIS
A F 041679634

BANCO CENTRAL DO BRASIL
A F 041679634
10
10
DEZ REAIS
A F 041679634

BANCO CENTRAL DO BRASIL
A F 041679634
10
10
DEZ REAIS
A F 041679634

Reprodução: Casa da Moeda do Brasil/ Ministério da Fazenda

BANCO CENTRAL DO BRASIL
A F 041679634
10
DEZ REAIS

BANCO CENTRAL DO BRASIL
A F 041679634
10
DEZ REAIS

BANCO CENTRAL DO BRASIL
A A 036754302
5
CINCO REAIS

BANCO CENTRAL DO BRASIL
A A 036754302
5
CINCO REAIS

BANCO CENTRAL DO BRASIL
A A 036754302
5
CINCO REAIS

BANCO CENTRAL DO BRASIL
A A 036754302
5
CINCO REAIS

BANCO CENTRAL DO BRASIL
A F 013603598
2
DOIS REAIS
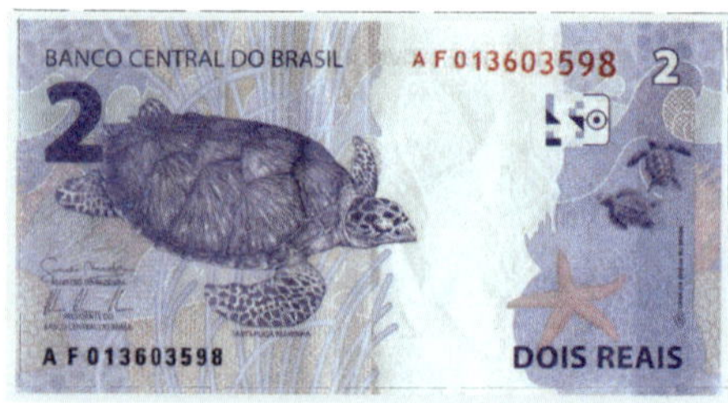
BANCO CENTRAL DO BRASIL
A F 013603598
2
DOIS REAIS

BANCO CENTRAL DO BRASIL
A F 013603598
2
DOIS REAIS
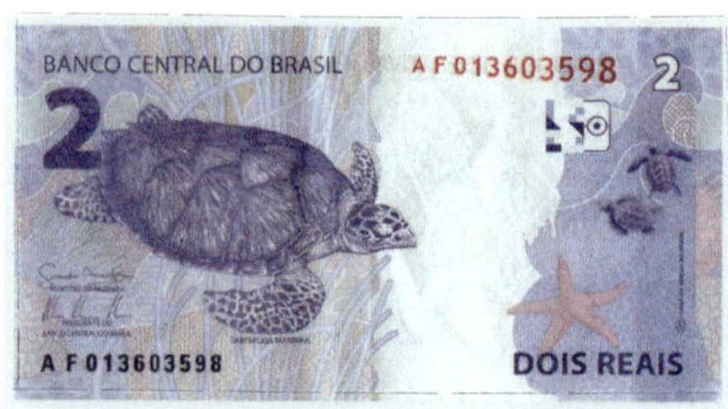
BANCO CENTRAL DO BRASIL
A F 013603598
2
DOIS REAIS
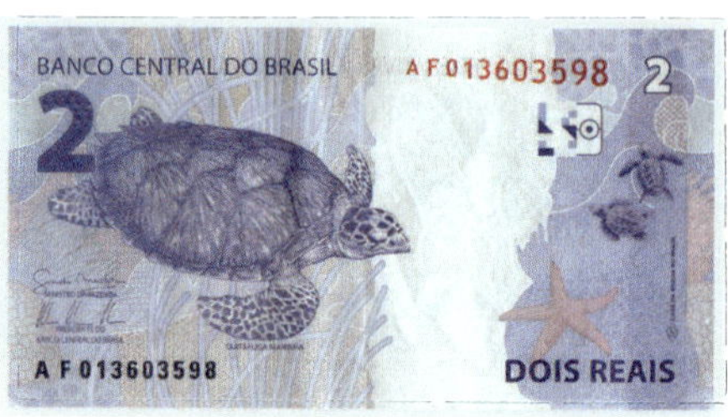
BANCO CENTRAL DO BRASIL
A F 013603598
2
DOIS REAIS

BANCO CENTRAL DO BRASIL
A F 013603598
2
DOIS REAIS

VAMOS COMPRAR E VENDER?

DESTAQUE OS OBJETOS ABAIXO. BRINQUE DE COMPRAR E VENDER COM SEUS COLEGAS, USANDO AS MOEDAS E AS CÉDULAS DAS PÁGINAS ANTERIORES. PRESTE ATENÇÃO AO CALCULAR O TROCO!

MATERIAL DE APOIO

1º ANO

CADERNO DE IDEIAS EM AÇÃO

Lorely Medina/Shutterstock/Glow Images

editora scipione

UNIDADE 2

BINGO DE NÚMEROS DE 0 A 99

0	1	2	3	4	5	6	7	8	9
10	11	12	13	14	15	16	17	18	19
20	21	22	23	24	25	26	27	28	29
30	31	32	33	34	35	36	37	38	39
40	41	42	43	44	45	46	47	48	49
50	51	52	53	54	55	56	57	58	59
60	61	62	63	64	65	66	67	68	69
70	71	72	73	74	75	76	77	78	79
80	81	82	83	84	85	86	87	88	89
90	91	92	93	94	95	96	97	98	99

HORA DE CONSTRUIR!

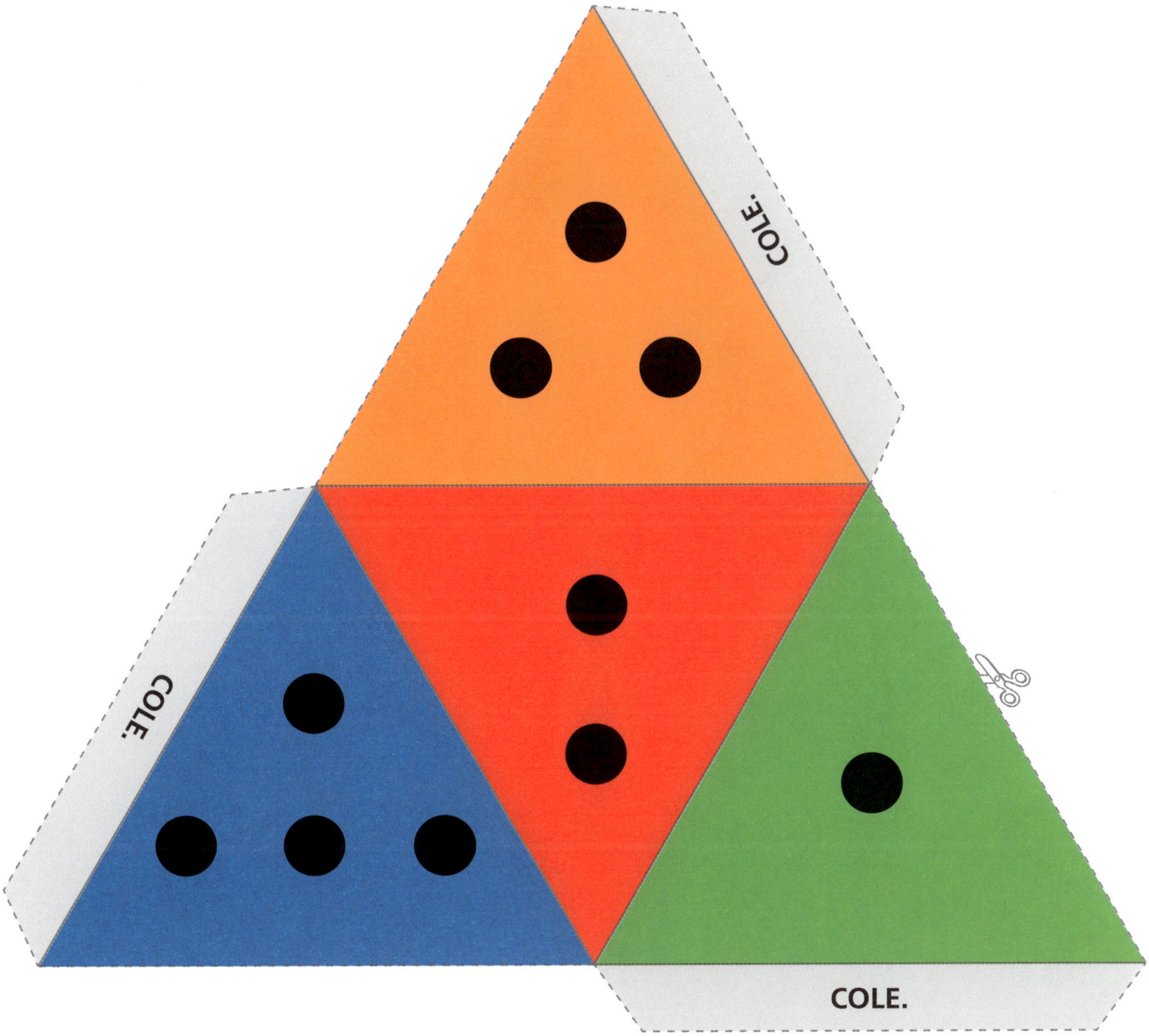

UNIDADE 4

JOGO DA MEMÓRIA: MEDIDAS

Olga Popova/Shutterstock/Glow Images

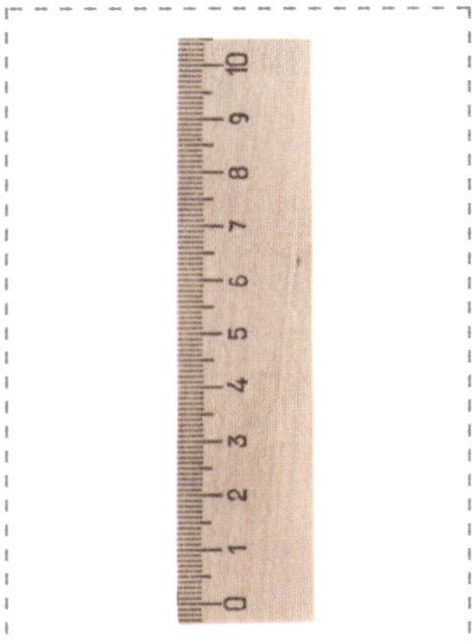

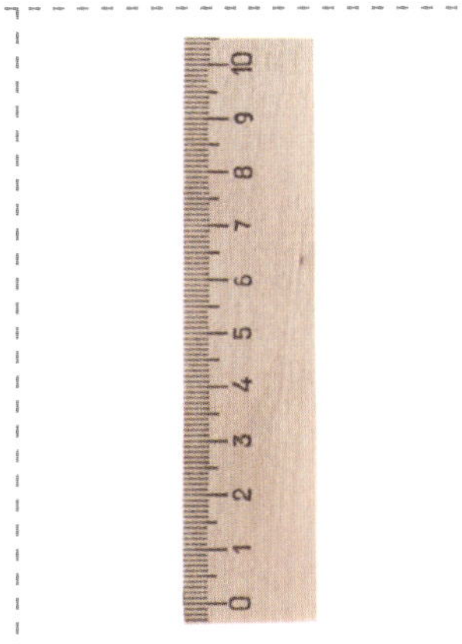

Madlen/Shutterstock/Glow Images

Eastimages/Shutterstock/Glow Images

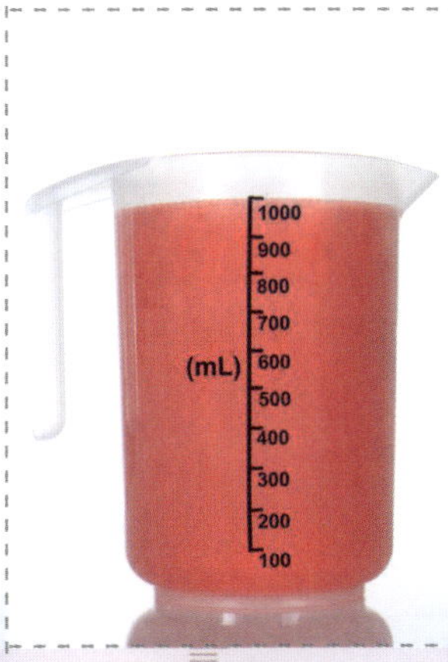

Edson Antunes/Arquivo da editora

Jamie Grill/JGI/Getty Images

Philippe Lissac/Glow Images

David J. Green/Alamy/Glow Images

© SIBSA Digital Pvt. Ltd./Alamy/Glow Images

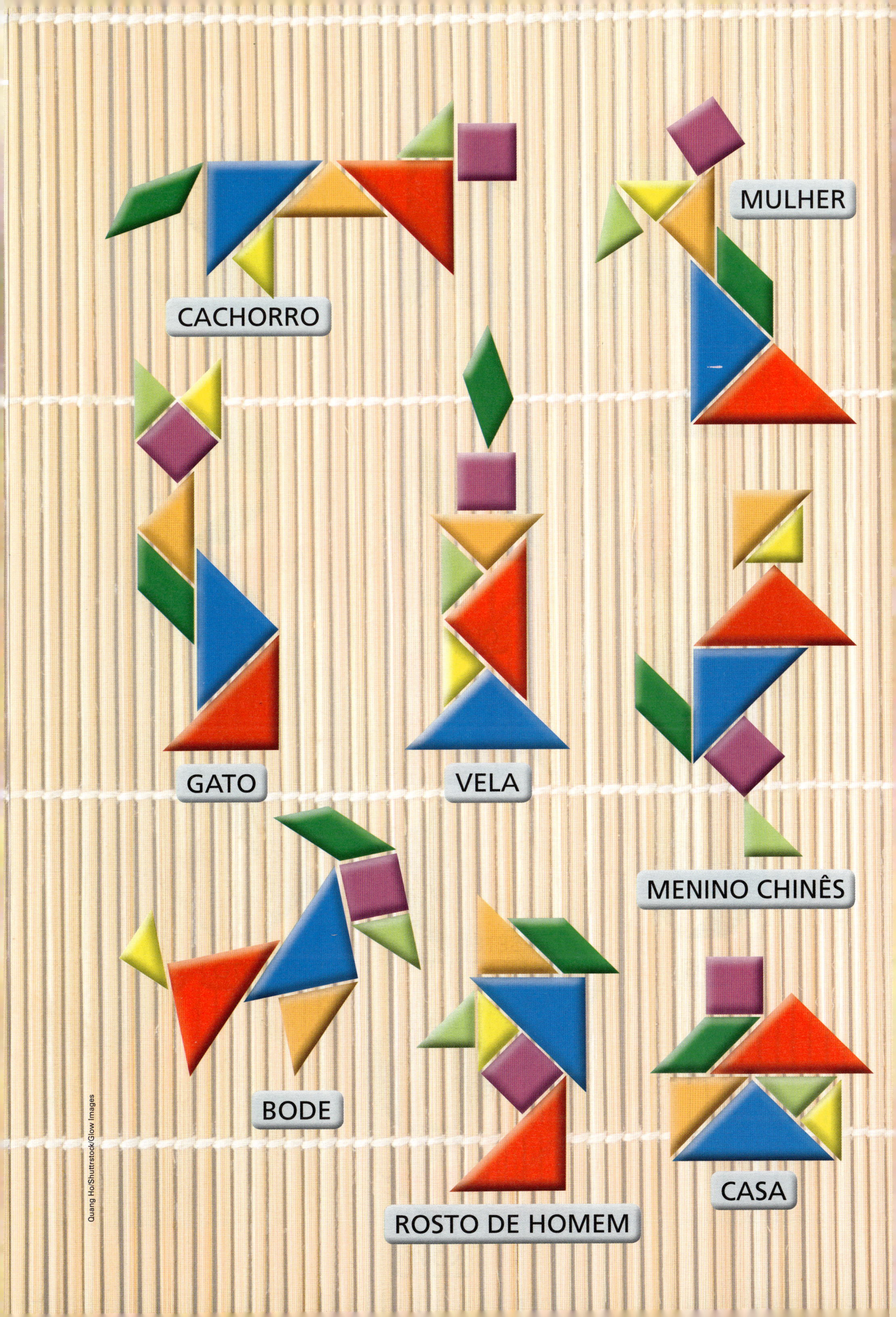

Quang Ho/Shutterstock/Glow Images

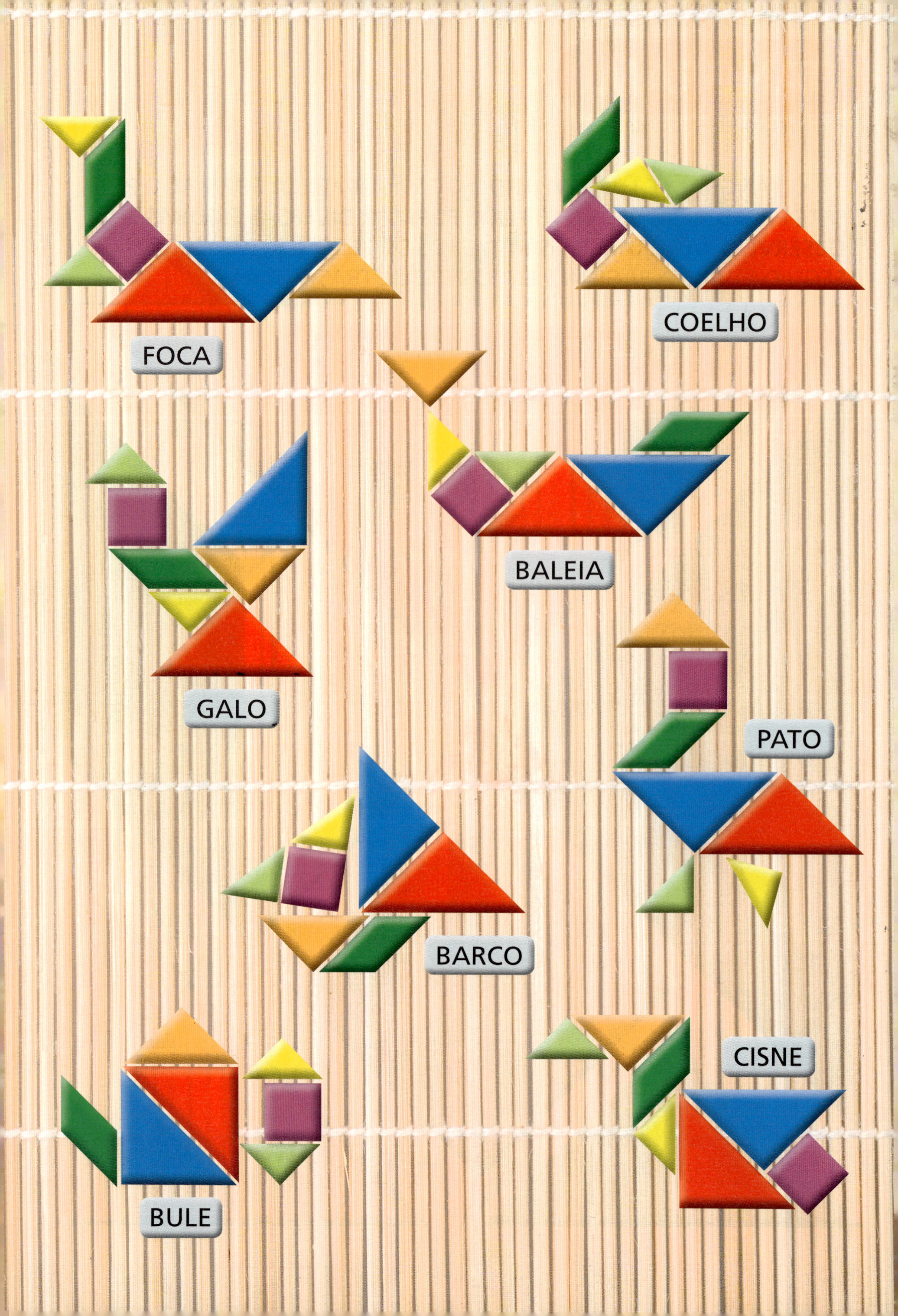
FOCA
COELHO
BALEIA
GALO
PATO
BARCO
CISNE
BULE